Study Direction and Practice of Financial Management

国家级特色专业建设成果配套教材
省级精品课程配套教材

21世纪会计系列规划教材

应用型

财务管理

学习指导与练习

徐利飞 张占军 主编

东北财经大学出版社
Dongbei University of Finance & Economics Press
大连

图书在版编目（CIP）数据

财务管理学习指导与练习 / 徐利飞，张占军主编. —大连：东北财经大学出版社，2014.8（2014.9 重印）
（21 世纪会计系列规划教材·应用型）
ISBN 978-7-5654-1558-6

Ⅰ. 财…　Ⅱ. ①徐…　②张…　Ⅲ. 财务管理-高等学校-教学参考资料　Ⅳ. F275

中国版本图书馆 CIP 数据核字（2014）第 163857 号

东北财经大学出版社出版
（大连市黑石礁尖山街 217 号　邮政编码　116025）
教学支持：（0411）84710309
营 销 部：（0411）84710711
总 编 室：（0411）84710523
网　　址：http://www.dufep.cn
读者信箱：dufep@dufe.edu.cn
大连美跃彩色印刷有限公司印刷　　东北财经大学出版社发行

幅面尺寸：148mm×210mm　　字数：220 千字　　印张：7 5/8
2014 年 8 月第 1 版　　2014 年 9 月第 2 次印刷

责任编辑：李　栋　　责任校对：王娟　孙萍　刘洋　赵楠
封面设计：张智波　　版式设计：钟福建

ISBN 978-7-5654-1558-6
定价：22.00 元

前 言

财务管理是高校经管类专业的主要课程之一，着重讲述公司制企业（或称“股份制企业”）的资本经营中所运用的财务管理理论和方法。但是，由于财务管理课程中存在较多的抽象理论和量化分析，加之专业术语太多、数字公式太多、脱离实际应用、缺少练习等因素的影响，导致学生（尤其是非会计、非财务管理专业的学生）难以对相关知识进行记忆和理解，学习效果不好。为了帮助学生在有限的学习时间内学好财务管理这门课程，为以后走上工作岗位实现知识的灵活应用打好基础，本书侧重于对财务管理相关知识的归纳和练习。

本书共分十章，章节内容安排以高校教学中常见的财务管理教材内容设置为依据，主要有以下特点：

1. 关注基础

本科的财务管理教学是建立在会计学教学的基础上展开的，本书的内容设置难度适中，重视对学生财务管理学科的基本理念、基本内容和基本技能的培养，使学生能够在较少的课时条件下实现对财务管理学科的基本了解，为后续进一步研究和应用打下基础。

2. 注重应用

财务管理是一门应用性较强的学科，本书在内容设置上突出财务管理的理论知识在实际工作中的应用领域和应用方法，增强学生的学习兴趣和学习动力，比如本书特别提供了用

Excel 解决财务管理问题的相关计算方法。

3. 拓展资源丰富

本书在教材资源上进行了新的尝试，增加了“推荐资源”、“课外阅读书目”、“用 Excel 解决本章问题”等栏目，方便读者更全面地掌握相关知识。由于编者水平和经验有限，书中难免存在不足之处，恳请读者批评指正。

此外，本书对财务管理主要章节内容进行了归纳和总结，并且多采用表格方式，便于读者自行复习。书中的习题种类丰富，难度适中，一方面为财务管理任课教师提供一本能够引导学生展开自主学习的辅导用书，另一方面为广大读者提供一本能够加深财务管理课堂教学理解、资源丰富的配套学习用书。因此本书可作为本、专科高等院校经济类、管理类学科的财务管理课程的辅导教材，也可用于各类企业培训的辅助用书。

本书由内蒙古财经大学会计学院徐利飞、张占军主编，李平、陶娅担任副主编。各章节具体分工如下：徐利飞编写第 1 章，包金良编写第 2 章，李存刚编写第 3 章，郭巧莉编写第 4 章，王艳林编写第 5 章，陶娅编写第 6 章，王潇编写第 7 章，张占军编写第 8 章，李平编写第 9 章，王桂英编写第 10 章。

编　者

2014 年 6 月

目　录

第1章 总论

1.1 本章框架

通过本章的学习，要求了解财务管理环境；熟悉财务管理的环节；掌握企业财务管理的概念，财务活动的概念及其内容，财务关系的概念及其内容，企业目标对财务管理的要求，以及关于企业财务管理目标的三种观点。

本章基本架构图如图 1-1 所示。

- 财务管理的概念
  - 管理财务活动
    - 筹资管理
    - 投资管理
    - 营运资金管理
    - 收益分配管理
  - 协调财务关系
    - 与投资者之间的财务关系
    - 与所有者之间的财务关系
    - 与受资者之间的财务关系
    - 与债权人之间的财务关系
    - 与债务人之间的财务关系
    - 与往来客户之间的财务关系
    - 与内部各单位之间的财务关系
    - 与职工之间的财务关系
    - 与政府之间的财务关系
- 财务管理的环境
  - 经济环境
  - 法律环境
  - 金融市场环境
  - 社会文化环境
- 财务管理的目标
  - 利润最大化
  - 每股收益最大化
  - 股东财富最大化
  - 企业价值最大化
- 财务管理基本观念
  - 货币时间价值观念
  - 风险价值观念
  - 资本成本观念
  - 现金流量观念
  - 机会成本观念
  - 投资分散化观念

图 1-1 本章基本架构图

1.2 内容提要

1. 企业的财务活动主要指筹资活动、投资活动、营运资金活动和收益分配活动。

2. 财务关系概括为：企业与政府之间的财务关系；企业与投资者之间的财务关系；企业与债权人之间的财务关系；企业与受资者之间的财务关系；企业与债务人之间的财务关系；企业内部各单位之间的财务关系；企业与职工之间的财务关系。

3. 财务管理的目标有：利润最大化、股东财富最大化和企业价值最大化。

4. 财务管理的环境包括：经济环境、法律环境、金融环境和社会文化环境。

5. $\text{利率}=\text{纯利率}+\begin{matrix}\text{通货膨胀}\\\text{补偿率}\end{matrix}+\begin{matrix}\text{违约风险}\\\text{报酬率}\end{matrix}+\begin{matrix}\text{流动性风险}\\\text{报酬率}\end{matrix}+\begin{matrix}\text{期限风险}\\\text{报酬率}\end{matrix}$

1.3 重点与难点解析

1. 财务管理的内容

(1) 资金的实质：资金是再生产过程中，商品价值的货币表现，资金的实质是再生产过程中运动着的价值。

(2) 财务活动：是指资金的筹集、投放、使用、收回及分配等一系列行为的总称。企业财务活动可分为四个方面：①筹资活动；②投资活动；③资金营运活动；④分配活动。

2. 财务管理的目标

(1) 企业目标对财务管理的要求。

企业目标可以概括为生存目标、发展目标和获利目标。

①企业生存目标对财务管理的要求是：以收抵支和偿还到期债务(长期亏损是企业终止的根本原因；不能偿还到期债务是企业终止的直接原因)。

②企业发展目标对财务管理的要求是：筹集企业发展所需的资金。

③企业获利目标对财务管理的要求是：合理、有效地使用资金。

(2) 财务管理目标含义的表达。

关于财务管理目标含义的表达，见表 1-1。

表 1-1　　**财务管理目标含义表达分类表**

序号	目标	主张	选择理由（优点）	问题（缺点）
1	利润最大化	追逐利润最大化作为财务管理的目标	①剩余产品的多少可以用利润指标来衡量；②自由竞争的资本市场中，资本的使用权最终属于获利最多的企业；③只有每个企业都最大限度地获利，整个社会的财富才能实现最大化	①没有考虑实现利润的时间价值；②没有反映获得利润与投入资本的关系；③没有考虑风险因素；④导致企业的短期行为
2	股东财富最大化（也叫资本利润率最大化或每股利润最大化）	应将企业的税后净利润与出资额联系起来考查	①投资者投资的目的是取得资本收益；②将获得的利润同投入资本进行对比，能反映企业的盈利水平	①没有考虑资金时间价值和风险因素；②不能避免企业短期行为的出现
3	企业价值最大化	企业价值最大化或股东财富最大化作为财务管理目标	①考虑了资金时间价值和投资的风险价值；②反映了对企业资产保值增值的要求；③克服了短期行为；④有利于社会资源的合理配置	

结论：企业价值最大化有利于体现企业管理目标，能揭示市场认可的企业价值，考虑了资金时间价值和风险，通常被认为是较为合理的财务管理目标。

(3) 以“企业价值最大化”作为财务管理目标的合理性。

以“企业价值最大化”作为财务管理的目标，将有助于克服“所有者财富最大化”的弊病，其合理性表现在以下几个方面：

第一，实现企业价值最大化目标，也就意味着把体现企业经营成果价值的蛋糕做大，蛋糕做大了，每个利益集团分得的份额都能够得到根本的保证，从而通过单一的财务管理目标为中介实现了现代企业多边契约关系各方利益的有效均衡和最优化。

第二，企业价值最大化目标符合企业可持续发展的长远目标。按照企业价值最大化目标进行财务决策，要求企业在决策时必须综合考虑公司所承担的风险和长远利益，而不仅仅是股东当前利益的最大化，从而避免了过分强调股东利益而导致的短期经营行为和风险增大，避免了由此产生的各利益方的利益冲突，以及由利益冲突而引起的企业利益流失，引导企业稳定、持续地发展。

第三，企业价值最大化是实现股东财富最大化的最根本手段。因为企业价值最大化目标有利于发挥其他相关利益者的积极性，只有在各方的参与和努力下体现企业收益的蛋糕才有可能做大，而蛋糕做大了，不仅各契约方在契约中规定的利益能够得到充分保证，而且增加了股东的利益。

第四，企业价值最大化有利于社会福利最大化。企业是社会经济的基本单元，企业价值增加的结果是社会福利的增长。

第五，企业价值最大化符合我国的国情。我国是一个以中国特色社会主义为基本政治制度的市场经济国家，我国企业更注重企业职工的实际利益和各项应有权利，强调各利益方的协调，强调社会财富的积累，强调社会的安定团结。

1.4 章节自测习题

一、单项选择题（共10题）

1. 现代财务管理的最优目标是(　　)。

A. 总产值最大化　　B. 利润最大化

C. 风险最小化　　D. 股东财富最大化

2. 企业同其债权人之间的财务关系反映的是(　　)。

A. 经营权和所有权关系　　B. 债权债务关系

C. 投资与受资关系　　D. 债务债权关系

3. 企业同其债务人之间的财务关系反映的是(　　)。

A. 经营权和所有权关系　　B. 债权债务关系

C. 投资与受资关系　　D. 债务债权关系

4. 财务关系是指企业在财务活动中与有关方面形成的(　　)。

A. 货币关系　　B. 结算关系

C. 经济关系　　D. 往来关系

5. 企业同职工之间的财务关系，在性质上属于(　　)。

A. 资金结算关系　　B. 资金融通关系

C. 劳动成果分配关系　　D. 资金借贷关系

6. 企业投资前一定要进行(　　)研究，避免盲目投资给企业造成的损失。

A. 成本效益　　B. 风险与收益

C. 可行性　　D. 经济性

7. 影响企业价值最大化的两个最基本因素是(　　)。

A. 目前的利润和未来的利润　　B. 利润和成本

C. 风险和报酬　　D. 风险和贴现率

8. 在金融市场上，利率(　　)。

A. 是资金使用权的价格　　B. 只包括纯利率

C. 不包括风险因素　　D. 不考虑通货膨胀

9. 以下不属于解决股东和管理者之间冲突的是(　　)。

A. 监督　　B. 接收

C. 激励　　D. 控制

10. 以下不是对违约风险表述的是(　　)。

A. 反映借款人支付本金和利息的信用程度

B. 如不提高利率，考虑到违约风险，投资人不会投资

C. 国债可视为没有违约风险

D. 违约风险越高，利率越低

二、多项选择题（共13题）

1. 企业的财务关系包括(　　)。

A. 企业同其所有者之间的财务关系

B. 企业同其债权人之间的财务关系

C. 企业同其投资者之间的财务关系

D. 企业同其债务人之间的财务关系

E. 企业同其职工之间的财务关系

2. 企业的财务管理可选择目标有(　　)。

A. 利润最大化　　B. 股东财富最大化

C. 企业价值最大化　　D. 企业社会责任最大化

3. 企业的财务活动有(　　)。

A. 筹资活动　　B. 资金营运活动

C. 企业投资活动　　D. 分配活动

4. 以下属于财务管理特点的是(　　)。

A. 是一项综合管理　　B. 涉及面广

C. 反映企业经营状况　　D. 是企业最重要的活动

5. 以下属于财务管理环境的有(　　)。

A. 经济环境　　B. 法律环境

C. 政治环境　　D. 金融市场环境

6. 以下属于通货膨胀影响的是(　　)。

A. 物价上涨　　B. 资金占用增加

C. 企业利润虚增　　D. 利率上升

7. 金融环境也称为金融市场环境，金融市场按交易对象包括以下类型：(　　)。

A. 发行市场　　B. 黄金市场

C. 资金市场　　D. 外汇市场

8. 在利率构成中，风险报酬率包括(　　)。

A. 违约风险　　B. 经济风险

C. 流动性风险　　D. 期限风险

9. 以股东财富最大化作为财务管理目标的理由是(　　)。

A. 能够避免管理者的短期行为

B. 它以每股的价格表示，反映了资本和获利之间的关系

C. 它受预期每股盈余的影响，反映了每股盈余大小和取得的时间

D. 它受企业风险大小的影响，可以反映每股盈余的风险

10. 影响纯利率的高低的主要因素是：(　　)。

A. 均衡利率　　B. 资金供求关系

C. 通货膨胀　　D. 国家调节

E. 风险报酬

11. 债权人为了防止其利益被伤害，通常采用的办法是(   )。

A. 寻求立法保护

B. 在借款合同中加入限制性条款

C. 不再提供新的借款

D. 参与企业的经营决策

E. 提前收回借款

12. 股东通过经营者伤害债权人利益的常用方式是(   )。

A. 不经债权人同意，投资于比债权人预期风险要高的新项目

B. 不顾工人的健康和利益

C. 不征得债权人同意就发行新债券

D. 不尽最大努力去实现企业的财务目标

E. 不征得债权人同意就发行新股票

13. 由于长期投资涉及的时间长、风险大，因此在决策分析时人们更加关心(   )。

A. 投资报酬率　　B. 货币的时间价值

C. 机会成本　　D. 投资的风险价值

E. 投资成本

三、判断题（共10题）

1. 利润最大化是现代企业财务管理的目标。(   )

2. 企业进行财务管理，就是要正确权衡报酬增加与风险增加的得与失，努力实现二者之间的最佳结合，使企业价值达到最大化。(   )

3. 企业营运资金管理的关键问题是加速资金的周转，提高资金的使用效率。(   )

4. 企业进行利润分配时，考虑所有者的利益是唯一重要的。(   )

5. 企业分配管理的目标是合理确定利润的分配比例及分配形式，以提高企业的总价值。(   )

6. 财务管理目标与经济体制的要求可以不一致。(   )

7. 在没有通货膨胀时，国库券的利率可以视为纯利率。(   )

8. 财务管理的主要内容是投资决策、融资决策和股利决策，因此，

财务管理的内容不涉及成本方面的问题。（ ）

9. 纯利率是指无通货膨胀、无风险情况下的平均利率，它的高低受平均利润率、资金供求关系等因素的影响。（ ）

10. 从财务管理的角度来看，非公司制企业与公司制企业基本一致。（ ）

四、简答题（共4题）

1. 试述为什么股东财富最大化与企业价值最大化的目标是统一的。
2. 试述财务目标的特点。
3. 试述为什么股东财富最大化目标是现代财务管理的最优目标。
4. 企业以利润最大化作为财务管理目标的缺点是什么？

1.5 推荐资源

1. 如果想了解金融环境对财务管理的影响，可以参考：

[1] 富荷雯．当前金融环境下企业筹资风险的成因和防范措施［J］．财经界（学术版），2013（10）．

[2] 古志杰，李梦芸．探讨金融环境变化与企业财务管理创新［J］．中小企业管理与科技，2013（2）．

[3] 于明春，彭日东．略论鄂尔多斯民间金融环境重构的制度条件［J］．经济研究参考，2013（55）．

2. 关于财务管理的目标问题，可以参考：

[1] 王志英．企业财务管理目标理论研究综述及其对我国的启示［J］．生产力研究，2005（5）．

[2] 高翠莲，王阳．企业财务管理目标与企业社会责任［J］．会计之友，2011（18）．

[3] 周密斯，周华．我国企业财务管理目标的现实选择［J］．财经论丛（浙江财经学院学报），2001（1）．

[4] 牛彦秀．财务管理目标实务与理论背离的深层原因及其理性选择［J］．现代财经（天津财经大学学报），2010（1）．

[5] 崔艳波．企业财务管理目标的合理选择——企业价值最大化［J］．山西经济管理干部学院学报，2009（1）．

[6] 李平．对我国企业财务管理目标的探析［J］．内蒙古科技与

经济，2000（S1）.

［7］兰秀文．企业社会责任会计信息披露探讨［J］．财会通讯，2009（29）.

［8］张晶晶，赵丹，王桂英．企业文化与财务管理目标关系的实证分析——以青岛海尔股份有限公司为例［J］．现代营销（学苑版），2011（7）.

1.6 课外阅读书目

［1］王庆成，郭复初．财务管理学［M］．北京：高等教育出版社，2000.（第一章）

［2］荆新，王化成，刘俊彦．财务管理学［M］．北京：中国人民大学出版社，1998.

［3］刘志远．财务管理［M］．天津：南开大学出版社，2002.（第一章）

［4］徐春立．企业资本结构战略［M］．天津：天津社会科学出版社，2002.（第一章）

［5］汪平．财务导向论［M］．海口：南海出版公司，1995.（第一章）

［6］汪平．财务估价论［M］．上海：上海财经大学出版社，2000.（第一章）

［7］爱默瑞 D R，芬尼特 J D. 财务管理［M］．荆新，等，译．北京：中国人民大学出版社，1999.

［8］罗斯 S A. 公司理财［M］．北京：机械工业出版社，2002.

第2章　资金时间价值

2.1　本章框架

通过本章的学习，要求掌握：资金时间价值的实质；复利终值和现值的计算；普通年金终值和现值的计算；即付年金终值和现值的计算；递延年金现值的计算；永续年金现值的计算；名义利率与实际利率的换算；内插法的应用。

本章基本架构图如图 2-1 所示。

- 认识时间价值
  - 货币时间价值的概念
  - 货币时间价值的表示方法
  - 时间价值计算涉及的几组概念
    - 单利、复利
    - 现值终值
    - 名义利率实际利率
- 货币时间价值的基本计算
  - 一次性收付款项的复利终值的计算
  - 一次性收付款项的复利现值的计算
  - 不等额系列收付款复利现值和终值的计算
  - 年金复利现值和终值的计算
    - 普通年金
    - 预付年金
    - 递延年金
    - 永续年金
- 货币时间价值计算的特殊问题
  - 利息率的计算
  - 计息期数的计算
  - 利息变动下的时间价值计算
  - 资本投资回收计算
  - 偿债基金计算

图 2-1　本章基本架构图

2.2 内容提要

货币时间价值是进行财务估价的手段，也是财务管理的基础知识，作为学习财务管理的学生，必须熟练掌握货币时间价值的计算原理及其他相关技能。在财务管理中，货币时间价值的主要应用形式是现值的计算，因为资产的经济价值是通过计算未来现金净流量的现值加以计算的。

风险也是计量资产价值必须考虑的基本因素。学习中，应注意风险的属性、风险的类别、风险的计量、风险与报酬的关系等基本内容的掌握。

2.3 重点与难点解析

在资金时间价值的学习中有三点应予以注意：

（1）时间价值产生于生产领域和流通领域，消费领域不产生时间价值，因此，企业应将更多的资金或资源投入生产领域和流通领域而非消费领域。

（2）时间价值产生于资金运动中，只有运动着的资金才能产生时间价值，凡处于停顿状态的资金不会产生时间价值，因此企业应尽量减少资金的停顿时间和数量。

（3）时间价值的大小取决于资金周转速度的快慢，时间价值与资金周转速度成正比，因此企业应采取各种有效措施加速资金周转，提高资金使用效率。

2.4 本章主要公式

1. 单利

（1）单利利息的计算公式为：

利息（I）= 本金（PV）×利率（i）×时间（n）

（2）单利终值的计算公式为：

单利终值（FV）= 本金（PV）+本金（PV）×利率（i）×时间（n）

= 本金（PV）（1+利率（i）×时间（n））

（3）单利现值的计算公式为：

$$PV=\frac{FV}{1+(i\cdot n)}$$

2. 复利

(1) 复利终值是指一定量的本金按复利计算若干期后的本利和，是一种未来价值。资金第 n 年后的本利和为：

复利终值（FV）= 本金（PV）×$(1+i)^n$

其中，$(1+i)^n$ 被称为复利终值系数，用符号（F/P，i，n）或 $FVIF_{i,n}$ 表示，复利终值系数可通过查阅“复利终值系数表”直接获得。

(2) 复利现值是指今后某一特定时间收到或付出的一笔款项，按折现率（i）所计算的现在时点价值，其计算公式为：

$$PV=\frac{FV}{(1+i)^n}=FV\cdot(1+i)^{-n}$$

其中，$(1+i)^{-n}$ 被称为复利现值系数，用符号（P/F，i，n）或 $PVIF_{i,n}$ 表示，复利现值系数可通过查阅“复利现值系数表”直接获得。

3. 年金

年金是指一定时间内每次等额收付的系列款项，通常记作“A”。年金按每次收付发生的时点不同，可分为普通年金、即付年金、递延年金和永续年金等几种。

(1) 普通年金是指一定时期内每期期末等额收付的系列款项，又称后付年金。普通年金终值的计算公式为：

$$FVA_n=A\cdot\frac{(1+i)^n-1}{i}$$

其中，$\frac{(1+i)^n-1}{i}$ 通常被称作“年金终值系数”，记作（F/A，i，n）或 $FVIFA_{i,n}$，可直接通过查阅“年金终值系数表”获得。

(2) 年偿债基金的计算公式为：

$$A=FVA_n\cdot\frac{i}{(1+i)^n-1}$$

其中，$\frac{i}{(1+i)^n-1}$ 被称作“偿债基金系数”记作（A/F，i，n），可直接通过查阅“偿债基金系数表”获得，也可通过年金终值系数的倒数推算出来。

(3) 普通年金现值的计算公式为：

$$PVA_n = A \cdot \frac{1-(1+i)^{-n}}{i}$$

其中，$\frac{1-(1+i)^{-n}}{i}$被称作“年金现值系数”，记作（P/A，i，n），可直接通过查阅“年金现值系数表”获得。

（4）年资本回收额的计算公式为：

$$A = PVA_n \cdot \frac{i}{1-(1+i)^{-n}}$$

其中，$\frac{i}{1-(1+i)^{-n}}$被称作“资本回收系数”，记作（A/P，i，n），可直接通过查阅“资本回收系数表”获得，也可以利用年金现值系数的倒数求得。

4. 即付年金

即付年金又称“预付年金”或“先付年金”，是指一定时期内每期期初等额收付的系列款项。

（1）即付年金终值的计算公式：

$$FVA_n = A \cdot \frac{(1+i)^n-1}{i} \cdot (1+i) = A \cdot \left(\frac{(1+i)^{n+1}-1}{i}-1\right)$$

其中，$\frac{(1+i)^{n+1}-1}{i}-1$被称作“即付年金终系数”，它是在普通年金终值系数的基础上，期数加1，系数减1所得的结果，记作［（F/A，i，n+1）－1］。这样，通过查阅“年金终值系数表”得到（n+1）期的值，然后减去1便可得到对应的即付年金系数。

（2）即付现金现值的计算公式：

$$PVA_n = A \cdot \frac{1-(1+i)^{-n}}{i} \cdot (1+i) = A \cdot \left(\frac{1-(1+i)^{-(n-1)}}{i}+1\right)$$

其中，$\frac{1-(1+i)^{-(n-1)}}{i}+1$的数值被称作“即付现金现值系数”，它是在普通年金系数的基础上，期数减1，系数加1所得到的结果。通常，记作［（P/A，i，n－1）+1］。这样，通过“年金现值系数表”得（n－1）期的值，然后加1，便可得出对应的即付年金现值系数的值。

5. 递延年金

递延年金是指第一次收付款发生时间不在第一期末，而是隔若干期后才开始发生的系列等额收付款项。它是普通年金的特殊形式，第一次收付款不是从第一期开始发生的普通年金都属于递延年金。

递延年金的计算公式为：

$$PVA_n = A \cdot [(P/A, i, m+n) - (P/A, i, m)]$$

或：$PVA_n = A \cdot (P/A, i, n) \cdot (P/F, i, m)$

其中，m 指递延期。

6. 永续年金现值

永续年金是指无限期等额收（付）的特种年金，可视为普通年金的特殊形式，即期限趋于无穷的普通年金。永续年金现值的计算公式为：

$$P = \frac{A}{i}$$

$$永续年金现值 = \frac{年金}{利率}$$

7. 折现率（利息率）

在前述计算终值和现值时，都假定利息率是给定的，但在财务管理中，经常会遇到已知计算期数、终值和现值，求利息率的问题。

（1）已知复利终值 F，现值 P，期数 n，求折现率 i。

$$i = \sqrt[n]{F/P} - 1$$

（2）已知永续年金 A，现值 P，求折现率 i。

$$i = A/P$$

（3）已知普通年金 A，终值 F，期数 n，求利息率 i。

根据 F/A=（F/A，i，n），查普通年金终值系数表，找出与系数值相对应的 i 即可。若找不到完全对应的 i，则可运用内插法求得。

（4）已知普通年金 A，现值 P，期数 n，求折现率 i。

根据，P/A=（P/A，i，n）查普通年金现值系数表，找出与系数值为 P/A 相对应的 i 即可。若找不到完全对应的 i，则可运用内插法求得。

注意：这种算法还适用复利终值、现值已知情况下，求折现率 i，以及即付年金利率的求解。在这个问题上，要重点掌握如何利用内插法来求折现率 i。

8. 实际利率同名义利率的关系

实际利率是指计算利息时实际采用的有效利率。

名义利率是指1年内多次复利时给出的年利率，它等于每期利率与年内复利次数的乘积。

实际利率i同名义利率r之间的关系，可以用以下公式表示：

$$i=\left(1+\frac{r}{m}\right)^{m}-1$$

其中：i——实际利率

r——名义利率

m——每年复利次的数

2.5 章节自测习题

一、单项选择题（共8题）

1. 若希望在3年后取得500元，利率为10%，则单利情况下现在应存入银行(　　)元。

A. 384.6　　B. 650

C. 375.6　　D. 665.5

2. 一定时期内每期期初等额收付的系列款项称为(　　)。

A. 永续年金　　B. 预付年金

C. 普通年金　　D. 递延年金

3. 某项永久性奖学金，每年计划颁发50 000元，若年利率为8%，采用复利方式计息，该奖学金的本金应为(　　)元。

A. 625 000　　B. 605 000

C. 700 000　　D. 725 000

4. 某项存款年利率为6%，每半年复利一次，其实际利率为(　　)。

A. 12.36%　　B. 6.09%

C. 6%　　D. 6.6%

5. 某企业年初借得50 000元贷款，10年期，年利率12%，每年年末等额偿还。已知年金现值系数（P/A，12%，10）= 5.6502，则每年应付金额为(　　)元。

A. 8 849　　B. 5 000

C. 6 000　　D. 2 825

6. 在普通年金终值系数的基础上，期数加1、系数减1所得的结果，在数值上等于(　　)。

A. 普通年金现值系数　　B. 即付年金现值系数

C. 普通年金终值系数　　D. 即付年金终值系数

7. 一项600万元的借款，借款期3年，年利率为8%，若每半年复利一次，年实际利率会高出名义利率(　　)。

A. 4%　　B. 0.24%

C. 0.16%　　D. 0.8%

8. 某人年初存入银行10 000元，假设银行按每年8%的复利计息，此人每年年末取出2 000元，则最后一次能够足额提款（即提取数额为2 000元）的时间是(　　)。

A. 第6年年末　　B. 第7年年末

C. 第8年年末　　D. 第9年年末

二、多项选择题（共5题）

1. 下列关于资金时间价值的表述中正确的有(　　)。

A. 资金时间价值是由时间创造的

B. 资金时间价值是由劳动创造的

C. 资金时间价值是在资金周转中产生的

D. 资金时间价值可用社会平均资金利润率表示

2. 递延年金具有如下特点：(　)。

A. 年金的第一次支付发生在若干期以后

B. 没有终值

C. 年金的现值与递延期无关

D. 年金的终值与递延期无关

E. 现值系数是普通年金现值的倒数

3. 下列各项中属于年金形式的有(　　)。

A. 直线法计提折旧　　B. 等额分期付款

C. 分派优先股股利　　D. 按月发放养老金

4. 年金按其每期收付款发生的时点不同，可分为(　　)。

A. 普通年金　　　　　　B. 即付年金

C. 递延年金　　　　　　D. 永续年金

5. 下列表述中，正确的有(　　)。

A. 复利终值系数和复利现值系数互为倒数

B. 普通年金终值系数和普通年金现值系数互为倒数

C. 普通年金终值系数和偿债基金系数互为倒数

D. 普通年金现值系数和资本回收系数互为倒数

三、判断题（共8题）

1. 在通常情况下，资金的时间价值是在既没有风险也没有通货膨胀条件下的社会平均利润率。(　　)

2. 永续年金与其他年金一样，既有现值又有终值。(　　)

3. 递延年金终值的大小，与递延期无关，所以计算方法和普通年金终值相同。(　　)

4. 在利息率和计息期相同的条件下，复利现值系数与复利终值系数互为倒数。(　　)

5. 计算偿债基金系数，可根据年金现值系数求倒数。(　　)

6. 名义利率是指1年内多次复利时给出的年利率，它等于每期利率与年内复利次数的乘积。(　　)

7. 普通年金现值系数加1等于同期、同利率的预付年金现值系数。(　　)

8. 在终值一定的情况下，贴现率越低，计算期越少，则复利现值越大。(　　)

四、计算题（共10题）

1. 某研究所计划存入银行一笔基金，年复利利率为10%，计划在今后10年中每年年末获得1 000元用于支付奖金，试计算该研究所现在应存入银行多少资金才能实现该计划。

2. 某人采用分期付款的方式购买一套住房，货款共计100 000元，在20年内等额偿还，年利率为8%，按复利计息，计算每年应偿还的金额。

3. 甲公司年初存入银行一笔现金，从第3年年末起，每年取出10 000元，并在第6年年末取完，若存款利率为10%，则甲公司年初存入了多少钱？

4. 某人将10 000元存入银行，利息率为年利率5%，期限为5年，采用复利计息的方式，试计算期满时的本利和。

5. 某人计划在3年以后得到20 000元的资金，用于偿还到期的债务，银行的存款利息率为年利率4%，采用复利计息方法，试计算现在应存入银行多少钱，才能在3年后得到20 000元的资金。

6. 某企业计划租用一台设备，租期为5年，合同规定该企业在每年年初支付租金1 000元，年利率为5%，试计算5年租金的现值是多少。

7. 某公司有一个投资项目，在第1年年初需投资8万元，前3年没有投资收益，从第4年至第8年每年年末可得到投资收益3万元，该企业的资金成本为6%，计算该投资项目是否可行。

8. 某人将1 000元存入银行，年利率为5%。

（1）若1年复利一次，5年后本利和是多少？

（2）若半年复利一次，5年后本利和是多少？计算此时银行的实际利率是多少。

9. 某企业欲购置一台设备，现有三种付款方式，第一种是第1年初一次性付款240 000元；第二种是每年年初付50 000元，连续付5年；第三种是第1、第2年的年初各付40 000元，第3年至第5年的年初各付60 000元。假设利率为8%，企业应采用哪种方式付款更合理？

10. 威远公司计划5年后用90 000元资金购买一套设备，如果每年年末等额存款一次，在年利率为10%的情况下，该公司每年年末应存入多少现金，才能保证5年后购买设备的款项足够？

2.6 推荐资源

1. 想了解资金时间价值的含义，可以参考：

［1］焦秀琦．对资金时间价值的再认识［J］．石油化工管理干部学院学报，2002（4）．

［2］王廷科．资金时间价值解读——关于资金时间价值计算的归纳分析［J］．兰州商学院学报，2004（3）．

［3］李慧，石伟．资金时间价值实质的再认识［J］．价值工程，

2010（16）.

2. 想了解如何计算资金时间价值，可以参考：

［1］朱瑞.浅析如何提高资金时间价值的教学效率［J］.中国证券期货，2012（10）.

［2］叶青.资金时间价值之“一抛二问三题”教学法［J］.财会月刊，2011（24）.

［3］杨国胜.论“资金时间价值”四表十公式及其应用［J］.南昌高专学报，2011（6）.

［4］陈芳.Excel环境下资金时间价值计算模型设计［J］.中国管理信息化，2009（12）.

［5］赵文伟.浅谈财务管理中资金时间价值的教学［J］.网络财富，2010（4）.

［6］马镭.连续复利资金时间价值的使用研究［J］.兰州交通大学学报，2007（3）.

［7］王文俐.Excel财务函数在资金时间价值计算中的应用［J］.山西经济管理干部学院学报，2006（2）.

［8］张敦力，刘叶飚.论Excel环境下普通年金现值系数表的编制原理与流程［J］.财会学习，2010（3）.

［9］郭巧莉，王彦东.货币时间价值中插值图示法的运用［J］.财会通讯，2011（11）.

［10］张占军.货币时间价值中数学工具的应用［J］.中国乡镇企业会计，2013（6）.

3. 想了解资金时间价值在财务管理实践中的应用，可以参考：

［1］万满珍.资金时间价值与决策［J］.科技广场，2006（11）.

［2］刘彤.浅谈资金时间价值原理在个人理财中的应用［J］.现代商业，2010（27）.

［3］陆冬梅.论资金时间价值在现代企业理财中的运用［J］.现代经济信息，2011（1）.

［4］向道芹.利用资金时间价值进行税收筹划［J］.当代审计，2003（5）.

[5] 丁玉平．关于普通年金在财务管理中应用的探究［J］．中国乡镇企业会计，2009（3）．

[6] 郭巧莉．资金时间价值在工程活动中的应用分析［J］．中国管理信息化，2013（21）．

2.7 课外阅读书目

[1] 王庆成，郭复初．财务管理学［M］．北京：高等教育出版社，2000.（第二章）

[2] 荆新，王化成，刘俊彦．财务管理学［M］．北京：中国人民大学出版社，1998.（第二章）

[3] 刘志远．财务管理［M］．天津：南开大学出版社，2002.（第三章）

[4] 爱默瑞 D R，约翰 D F．财务管理［M］．荆新，等，译，北京：中国人民大学出版社，1999.（第三章）

[5] 罗斯 S A. 公司理财［M］．北京：机械工业出版社，2002.

[6] 范霍恩 J C. 财务管理与政策［M］．刘志远，等，译，大连：东北财经大学出版社，2000.

2.8 用 Excel 解决本章问题

（一）主要参数

RATE：各期利率，是一个固定值。

NPER：总投资（或贷款）期，即该项投资（或贷款）的付款期总数。

PMT：各期所应付给（或得到）的金额，其数值在整个年金期间（或投资期内）保持不变，即年金；如果忽略 PMT，则必须包括 PV。

PV：初始值（或现值），即从该项投资（或贷款）开始计算时已经入账的款项或一系列未来付款当前值的累积和，也称为本金。如果省略 PV，则假设其值为零，并且必须包括 PMT。

FV：终值，该参数可以省略，省略则默认其为零。

TYPE：数字 0 或 1，用以指定各期的付款时间是在期初还是期末，TYPE 为 0 表示期末，TYPE 为 1 表示期初。如果省略 TYPE，则默认其值为零。

与资金收付表示相同，在参数的使用上，若为付出的金额，则需以负数表示，如果为收入，则以正数表示。

（二）利用 FV 函数计算复利终值

1. FV 函数

主要功能是基于固定利率及等额分期付款方式，结果是某项投资的未来值，在 Excel 中输入的公式为：

=FV（RATE，NPER，PMT，PV，TYPE）

2. 例题与 Excel 解决方案 1

【例 2-1】某旅游公司借款 10 000 元，年复利利率为 10%，试问第 5 年年末连本带利需一次性偿还多少元才能还清？

本题在 Excel 中的具体操作步骤如下：

（1）新建一张工作表并输入已知条件，设置好计算结果区域的格式，如图 2-2 所示。

（2）在 E3 单元格输入公式“=FV（B3，B4，，-B2）”，结果如图 2-2 所示。

E3　　fx　=FV(B3,B4,,-B2)

	A	B	C	D	E	F	G
1	已知条件			计算结果			
2	本金（元）	10000					
3	年利率	10%		复利终值（元）	16105.10	利用FV函数计算	
4	期限（年）	5					
5							

图 2-2　Excel 操作图 1

（三）利用 PV 函数计算复利现值

1. PV 函数

主要功能是基于固定利率及等额分期付款方式，结果是某项投资的现值，公式为：

=PV（RATE，NPER，PMT，FV，TYPE）

2. 例题与 Excel 解决方案 2

【例 2-2】目前银行存款的复利年利率为 5%，某人希望在第 10 年年末从银行取出 200 000 元，请问现在应存入银行多少钱？

本题在 Excel 中的具体操作步骤如下：

（1）新建一张工作表并输入已知条件，设置好计算结果区域的格式，图 2-3 所示。

（2）在 E3 单元格输入公式“=PV（B3，B4，，-B2）”，结果如图 2-3 所示。

E3　fx　=PV(B3,B4,,-B2)

	A	B	C	D	E	F	G
1	已知条件			计算结果			
2	终值（元）	200000					
3	复利年利率	5%		复利现值（元）	122,782.65	利用PV函数计算	
4	期限（年）	10					

图 2-3　Excel 操作图 2

（四）年金终值和现值的计算

【例 2-3】已知有四个年金系列：（1）普通年金 5 000 元，期限 10 年；（2）先付年金 5 000 元，期限 10 年；（3）递延年金 6 000 元，年金期限 10 年，递延期 5 年；（4）永续年金 10 000 元。假设年利率 8%，请设计一个可用来计算普通年金、先付年金、递延年金的终值和现值及永续年金现值的模型。

本题在 Excel 中的具体操作步骤如下：

（1）新建一张工作表并输入已知条件，设置好计算结果区域的格式。

（2）在单元格 B10 中输入公式“=FV（B5，B4，-B3）”，计算普通年金的终值。

（3）在单元格 B11 中输入公式“=PV（B5，B4，-B3）”，计算普通年金的现值。

（4）在单元格 D10 中输入公式“=FV（D5，D4，-D3，，1）”，计算先付年金的终值。

（5）在单元格 D11 中输入公式“=PV（D5，D4，-D3，，1）”，计算先付年金的现值。

（6）在单元格 F10 中输入公式“=FV（F6，F4，-F3）”，计算递延年金的终值。

（7）在单元格 F11 中输入公式“=PV（F6，（F4+F5），-F3）-PV（F6，F5，-F3）”，计算递延年金的现值。

（8）在单元格 H11 中输入公式“=H3/H5”，计算永续年金的现值。

具体数值如图 2-4 所示。

	A	B	C	D	E	F	G	H
1	已知数据区域							
2	普通年金		先付年金		递延年金		永续年金	
3	年金（元）	5000	年金（元）	5000	年金（元）	6000.00	年金（元）	10000
4	期限（年）	10	期限（年）	10	年金期限（年）	10.00	期限（年）	
5	年利率	8%	年利率	8%	递延期（年）	5.00	年利率	8%
6					年利率	0.08		
7								
8	计算结果区域							
9	普通年金		先付年金		递延年金		永续年金	
10	终值（元）	¥72,432.81	终值（元）	78,227.44	终值（元）	86919.37	终值（元）	
11	现值（元）	¥33,550.41	现值（元）	36,234.44	现值（元）	27400.61	现值（元）	125000

图 2-4 Excel 操作图 3

第3章 风险与收益

3.1 本章框架

通过本章的学习，要求掌握：单一证券风险与收益的概念和计算方法，投资组合风险和收益的计算，在此基础上理解和掌握资本资产定价模型。本章的学习难点在于：如何正确理解投资组合中相关系数与协方差、方差和标准离差的关系及其风险如何分散化，这是本章的难点之一。难点之二是掌握资本资产定价模型的内涵与应用。

总体来说，本章的学习有助于学生明确风险与收益的关系，掌握资本资产定价模型，为后续的学习打好方法基础。学习过程中可通过理论解释与例题解析、实践应用相配合，来增强理解能力，并在举一反三中提高应用能力。

本章基本架构图如图 3-1 所示。

- 认识风险
  - 风险的定义和分类
  - 投资者的风险偏好
  - 风险价值
- 认识收益
  - 收益的涵义
  - 收益的类型
    - 名义收益率
    - 预期收益率
    - 必要收益率
    - 实际收益率
    - 风险收益率
- 单项资产的风险和收益
  - 单项资产的风险度量
    - 方差
    - 标准差
    - 标准离差率
    - β
  - 风险和收益的关系
    - $K=R_f+bV$
    - $K=R_f+\beta\ (R_m-R_f)$
- 资产组合的风险和收益
  - 资产组合的风险度量
    - 组合方差
    - 组合标准差
    - 协方差
    - β_p
  - 风险和收益的关系
    - $K_p=R_f+\frac{R_m-R_f}{\sigma_m}\times\sigma_i$
    - $K_p=R_f+\beta_p\ (R_m-R_f)$

图 3-1 本章基本架构图

3.2 内容提要

1. 风险的种类

从公司本身来看，风险可分为经营风险和财务风险两类：

（1）经营风险。它是指因生产经营方面的原因给企业盈利带来的不确定性。经营风险主要来自：①市场营销；②生产成本；③生产技术；④其他。经营风险使企业的报酬变得不确定。

（2）财务风险。财务风险是指企业因借款而增加的风险，是筹资决策带来的风险，也叫筹资风险。所以企业可能没有财务风险，但不可能没有经营风险，财务风险只是加大了经营风险。财务风险的特征有：①不确定性；②与负债经营相关；③与经营者的个人偏好有关；④与国家的宏观经济政策有关；⑤与汇率变动相关。

2. 风险报酬率

所谓风险报酬率，是指投资者因冒风险进行投资而获得的超过时间价值率的那部分额外报酬率，即风险报酬额与原投资额的比率。

3.3 重点与难点解析

（1）概率（P_i）分布。概率是指用来表示随机事件发生可能性及出现某种结果的可能性大小的数值。

概率分布必须符合以下两个要求：所有的概率是介于0与1之间的一个数，所有结果的概率之和应等于1。

（2）期望值。期望值是各种可能的结果按其概率进行加权平均得到的平均值。

（3）标准离差。标准离差又叫标准差，反映概率分布中各种可能结果对期望值的偏离程度。

标准离差以绝对数来衡量决策方案的风险，在期望值相同的情况下，标准离差越大，风险越大；反之，标准离差越小，则风险越小。

（4）标准离差率。标准离差率是标准离差同期望值的比值。

标准离差作为绝对数，只适用于相同期望值决策方案风险程度的比较，对于期望值不同的决策方案，只能运用标准离差率这一相对数指标来比较或评价。

3.4 本章主要公式[①]

1. 期望投资报酬率（或称“期望收益率”，“期望报酬率”）

期望投资报酬率=资金时间价值+风险报酬率

2. 风险衡量的计算

（1）概率。概率是用百分数或小数来表示随机事件发生可能性及出现某种结果可能性大小的数值，设概率为 P_i，则概率分布必须符合以下要求：

$$0 \leqslant P_i \leqslant 1; \quad \sum_{i=1}^{n} P_i = 1$$

（2）计算期望值。期望值是一个概率分布中的所有可能结果，以各自的概率为权数计算的加权平均值，是加权平均的中心值，是反映集中趋势的一种量度，其计算公式如下：

$$\bar{R} = \sum_{i=1}^{n} R_i P_i$$

其中：$\bar{R}$——期望收益率

R_i——第 i 种可能结果的收益率

P_i——第 i 种可能结果出现的概率

n——所有可能结果的数目

（3）计算投资项目收益的标准离差（也叫“标准差”）。标准离差是反映概率颁中各种可能结果对期望值的偏离程度，通常以 σ 表示，计算公式如下：

$$\sigma = \sqrt{\sum_{i=1}^{n} (R_i - \bar{R})^2 \cdot P_i}$$

标准离差以绝对数衡量决策方案的风险，在期望值相同的情况下，σ 越大，风险越大。

（4）计算投资项目收益的标准离差率。标准离差率是标准离差同期望值之比，通常用符号 q 表示。

$$q = \frac{\sigma}{\bar{R}} \times 100\%$$

---

① 投资组合的风险与收益的计算，在教学中不讲，这里不作介绍，有兴趣的读者可自行了解相关知识。

标准离差率是一个相对指标，与标准离差相比，后者适用于相同期望值决策方案风险程度的比较，前者则适用于期望值不同的决策方案。在期望值不同的情况下，标准离差率越大，风险越大。

3. 风险的决策依据（风险报酬分析）

（1）对于单个方案，比较标准离差（或标准离差率）与设定的此项指标最高限值进行对比，若前者低于后者，则方案可以接受。

（2）对于多方案择优，则通常应选择标准离差最低，期望收益最高的方案。

4. 资本资产定价模型（CAPM）

$R=R_f+\beta\cdot(R_m-R_f)$

其中，R 为期望的报酬率，R_f 为无风险收益率，R_m 为市场平均收益率，β 为某资产相对市场平均而言的风险。

3.5 章节自测习题

一、名词解释（加“＊”部分为选讲选做内容，共 15 题）

1. 收益
2. 预期收益
3. 风险
4. 可分散风险
5. 不可分散风险
6. 必要收益率
7. 标准离差率

＊8. 投资组合

＊9. 最小方差组合

＊10. 机会集

＊11. 有效集

＊12. 资本市场线

13. 资本资产定价模型

＊14. β 系数（贝塔系数）

＊15. 证券市场线

二、判断题（加“＊”部分为选讲选做内容，共 25 题）

1. 利用概率分布的概念，我们能够对风险进行衡量，即期望报酬率的概率分布越集中，则该投资的风险越大。（　　）

2. 如果两个项目期望报酬率相同、标准离差不同，理性投资者会选择标准离差较大，即风险较小的那个。（　　）

3. 在其他条件不变时，证券的风险越大，投资者要求的必要报酬率越高。（　　）

＊4. 对于多个投资方案而言，无论各方案的期望值是否相同，标

准离差最大的方案一定是风险最大的方案。（　）

＊5. 如果组合中股票数量足够多，则任意单只股票的可分散风险都能够被消除。（　）

6. 经济危机、通货膨胀、经济衰退以及高利率通常被认为是可分散的市场风险。（　）

＊7. 平均风险股票的β系数为1.0，这意味着如果整个市场的风险报酬上升了10%，通常而言此类股票的风险报酬也将上升10%，如果整个市场的风险报酬下降了10%，该股票的风险报酬也将下降10%。（　）

＊8. 证券投资组合要求补偿的风险只是系统风险，而不要求对可分散风险进行补偿。（　）

＊9. 投资组合的风险报酬是投资者因承担可分散风险而要求的，超过时间价值的那部分额外报酬。（　）

＊10. 在其他因素不变的情况下，风险报酬取决于投资组合的β系数，β系数越大，风险报酬就越小。（　）

＊11. 投资的有效集是指在任何既定的风险程度上，提供的期望报酬率最高的投资组合。（　）

＊12. 被投资企业的财务风险可以通过多元化投资来分散。（　）

＊13. 构成投资组合的证券A和证券B，其标准离差分别为12%和8%。在等比例投资的情况下，如果两种证券的相关系数为-1，该组合的标准离差为2%。（　）

＊14. 市场的期望报酬是无风险资产的报酬率加上因市场组合的风险所需的补偿。（　）

＊15. 所有资产都是无限可分的，并有完美的流动性，这是资本资产定价模型的假设之一。（　）

＊16. β系数不会因一家企业的负债结构等因素的变化而改变。（　）

17. 债券到期时间越长其风险越大，债券的票面利率也越高。（　）

18. 政府发行的债券有国家财力作后盾，其本金的安全性非常高，通常可将其视为无风险证券。（　）

19. 利率随时间上下波动，利率下降会导致流通在外的债券的价格下降。 (　　)

20. 普通股股东与公司债权人相比，要承担更大的风险，其报酬也有更大的不确定性。 (　　)

21. 优先股则是公司发行的求偿权介于债券和普通股之间的一种混合证券，债券的估值方法也可用于优先股估值。 (　　)

22. 与固定报酬证券相比，普通股能有效地降低购买力风险。 (　　)

23. 由于股票的价格受到多种因素的影响，从而使得股票投资具有较大的风险。 (　　)

24. 当两个目标投资公司的期望报酬相同时，标准离差小的公司风险较低。 (　　)

*25. 可以将资本市场线看做所有风险资产的有效集。 (　　)

三、单项选择题（加“*”部分为选讲选做内容，共25题）

*1. 已知某证券的 β 系数等于2，则该证券(　　)。

A. 无风险

B. 有非常低的风险

C. 与金融市场所有证券的平均风险一致

D. 是金融市场所有证券平均风险的2倍

*2. 当两种股票完全负相关时，将这两种股票合理地组合在一起，则(　　)。

A. 能适当分散风险　　B. 不能分散风险

C 能分散掉一部分市场风险　　D. 能分散掉全部可分散风险

*3. 如果向一个 β=1.0 的投资组合中加入一只 β>1.0 的股票，则下列说法中正确的是(　　)。

A. 投资组合的 β 值上升，风险下降

B. 投资组合的 β 值和风险都上升

C. 投资组合的 β 值下降，风险上升

D. 投资组合的 β 值和风险都下降

*4. 下列关于证券投资组合的说法中，正确的是(　　)。

A. 证券组合投资要求补偿的风险只是市场风险，而不要求对可分

散风险进行补偿

B. 证券组合投资要求补偿的风险只是可分散风险，而不要求对市场风险进行补偿

C. 证券组合投资要求补偿全部市场风险和可分散风险

D. 证券组合投资要求补偿部分市场风险和可分散风险

5. 无风险利率为6%，市场上所有股票的平均报酬率为10%，某种股票的β系数为1.5，则该股票的报酬率为(　　)。

A. 7.5%　　　　B. 12%

C. 14%　　　　D. 16%

6. 欲比较两项不同预期报酬的投资方案，用(　　)的方式比较适当。

A. 协方差　　　　B. 相关系数

C. 变异系数　　　　D. 平均数

*7. 下列有关两项资产收益率之间相关系数的表述正确的是(　　)。

A. 当相关系数为1时，投资两项资产的组合不能抵消任何投资风险

B. 当相关系数为-1时，投资两项资产的组合风险抵消效果最好

C. 当相关系数为0时，投资两项资产的组合不能分散风险

D. 当相关系数为0时，投资两项资产的组合可以分散风险

8. 关于投资者要求的收益率，下列说法中正确的有(　　)。

A. 风险程度越高，要求的收益率越低

B. 无风险收益率越高，要求的收益率越高

C. 无风险收益率越低，要求的收益率越高

D. 风险程度越高，要求的收益率越高

9. 按照资本资产定价模型，影响特定股票必要收益率的因素有(　　)。

A. 无风险的收益率　　　　B. 平均风险股票的必要收益率

C. 特定股票的β系数　　　　D. 财务杠杆系数

10. 下列因素引起的风险中，投资者不可以通过资产组合予以消减的有(　　)。

A. 宏观经济状况变化　　B. 世界能源状况变化

C. 发生经济危机　　D. 被投资企业出现经营失误

11. 某企业拟进行一项存在一定风险的完整工业项目投资，有甲、乙两个方案可供选择，已知甲方案净现值的期望值为1 000万元，标准离差为300万元；乙方案净现值的期望值为1 200万元，标准离差为330万元。下列结论中正确的是(　　)。

A. 甲方案优于乙方案

B. 甲方案的风险大于乙方案

C. 甲方案的风险小于乙方案

D. 无法评价甲、乙方案的风险大小

12. 投资者甘愿冒风险进行投资，是因为(　　)。

A. 进行风险投资可使企业获得报酬

B. 进行风险投资可使企业获得利润

C. 进行风险投资可使企业获得等同于资金时间价值的报酬

D. 进行风险投资可使企业获得超过资金时间价值以上的报酬

13. 从投资人的角度看，下列观点不正确的是(　　)。

A. 有些风险可以分散，有些风险则不能分散

B. 额外的风险要通过额外的收益来补偿

C. 投资分散化是好的事件与不好的事件之间的相互抵消

D. 投资分散化降低了风险，也降低了预期收益

14. 那些影响所有公司的因素引起的风险称为(　　)。

A. 公司特有风险　　B. 经营风险

C. 财务风险　　D. 市场风险

15. 企业的财务风险是指(　　)。

A. 因还款而增加的风险

B. 筹资决策带来的风险

C. 因生产经营变化带来的风险

D. 外部环境变化风险

16. 给企业带来破产风险或普通股收益发生大幅度变动的风险，称为(　　)

A. 经营风险　　B. 财务风险

C. 投资风险　　D. 资金风险

＊17. 两种股票完全负相关，相关系数 r 应为(　　)

A. 0　　B. 1

C. –1　　D. 以上都不正确

18. 对证券持有人而言，证券发行人无法按期支付债券利息或偿付本金的风险是(　　)。

A. 流动性风险　　B. 系统风险

C. 违约风险　　D. 购买力风险

＊19. 如某投资组合收益呈完全负相关的两只股票构成，则(　　)。

A. 该组合的非系统性风险能完全抵消

B. 该组合的风险收益为零

C. 该组合的投资收益大于其中任一股票的收益

D. 该组合的投资收益标准离差大于其中任一股票收益的标准离差

20. 如果两个投资项目预期收益的标准离差相同，而期望值不同，则这两个项目(　　)。

A 预期收益相同　　B. 标准离差率相同

C. 预期收益不同　　D. 未来风险报酬相同

21. 东方公司股票的 β 系数为 1.5，无风险利率为 4%，市场上所有股票的平均收益率为 8%，则东方公司股票的收益率为(　　)。

A. 4%　　B. 12%

C. 8%　　D. 10%

＊22. β 系数可以衡量(　　)

A. 个别公司股票的市场风险　　B. 个别公司股票的特殊风险

C. 所有公司股票的市场风险　　D. 所有公司股票的特有风险

23. 关于标准离差与标准离差率，下列表述中不正确的是(　　)。

A. 标准离差是反映概率分布中各种可能结果对期望值的偏离程度的

B. 如果两个方案的期望值相同，标准离差越大的方案风险越大

C. 如果两个方案的期望值不相同，标准离差率越大的方案风险越大

D. 标准离差率是方案的风险报酬率

*24. 两种完全正相关的股票形成的股票组合(　　)。

A. 可降低所有可分散风险

B. 可降低市场风险

C. 可降低可分散风险和市场风险

D. 不能抵消任何风险，分散持有没有好处

*25. 关于证券投资组合理论的以下表述中，正确的是(　　)。

A. 证券投资组合能消除大部分系统风险

B. 证券投资组合的总规模越大，承担的风险越大

C. 最小方差组合是所有组合中风险最小的组合，所以报酬最大

D. 一般情况下，随着更多的证券加入到投资组合中，整体风险降低的速度会越来越慢

四、多项选择题（加“*”部分为选讲选做内容，共20题）

1. 关于风险的度量，以下说法中正确的有(　　)。

A. 利用概率分布的概念，可以对风险进行衡量

B. 期望报酬的概率分布越集中，则该投资的风险越小

C. 期望报酬的概率分布越集中，则该投资的风险越大

D. 标准离差越小，概率分布越集中，相应的风险也就越小

E. 标准离差越大，概率分布越集中，相应的风险也就越小

*2. 关于证券组合的风险，以下说法中正确的有(　　)。

A. 利用某些有风险的单项资产组成一个完全无风险的投资组合是可能的

B. 由两只完全正相关的股票组成的投资组合与单只股票具有相同的风险

C. 若投资组合由完全正相关的股票组成，则无法分散风险

D. 由两只完全正相关的股票组成的投资组合具有比单只股票更小的风险

E. 当股票报酬完全负相关时，所有的风险都能被分散掉

3. 下列各项中属于可分散风险的有(　　)。

A. 国家财政政策的变化　　B. 某公司经营失败

C. 某公司工人罢工　　D. 通货膨胀

E. 宏观经济状况的改变

4. 资本资产定价模型是建立在一系列严格假设基础之上的，主要包括(　　)。

A. 投资者对期望报酬率、方差以及任何资产的协方差评价一致，即投资者有相同的期望

B. 没有交易费用

C. 没有税收

D. 所有投资者都是价格接受者

E. 卖空资产有严格限制

*5. 关于证券市场线的理解，以下说法中正确的有(　　)。

A. 证券市场线是对资本资产定价模型的图示

B. 证券市场线说明必要报酬率与不可分散风险 β 系数之间的关系

C. 证券市场线反映了投资者规避风险的程度——直线越平滑，投资者越趋向于规避风险

D. 当风险规避增加时，风险报酬率也随之增加，证券市场线的斜率也变大

E. 当风险规避增加时，风险报酬率也随之减小，证券市场线的斜率也变小

6. 下列关于 β 系数的说法中正确的有(　　)。

A. β 系数度量了股票相对于平均股票的波动程度

B. 当 $\beta=2$，则说明股票的风险程度也将为平均组合的 2 倍

C. 当 $\beta=0.5$，则说明股票的波动性仅为市场波动水平的一半

D. 证券组合的 β 系数是单个证券 β 系数的加权平均，权数为各种股票在证券组合中所占的比重

E. β 系数一般不需投资者自己计算，而由一些投资服务机构定期计算并公布

7. 可以用来衡量风险大小的指标有(　　)。

A. 无风险报酬率　　B. 期望值

C. 标准离差　　D. 标准离差率

8. 下列因素引起的风险中，可以分散的有(　　)。

A. 通货膨胀　　B. 某公司工人罢工

C. 公司在市场竞争中失败　　D. 新产品开发失败

9. 风险收益率的大小，取决于(　　)。

A. 风险的原因　　B. 风险报酬系数

C. 风险能否发生　　D. 标准离差率

10. β 系数是衡量风险大小的重要指标，下列有关 β 系数的表述中正确的有(　　)。

A. 某股票的 β 系数等于 0，说明该证券无风险

B. 某股票的 β 系数等于 1，说明该证券风险等于市场平均风险

C. 某股票的 β 系数小于 1，说明该证券风险小于市场平均风险

D. 某股票的 β 系数大于 1，说明该证券风险大于市场平均风险

E. 某股票的 β 系数小于 1，说明该证券风险大于市场平均风险

*11. 下列有关两项资产收益率之间相关系数的表述正确的是(　　)。

A. 当相关系数为 1 时，投资两项资产的组合不能抵消任何投资风险

B. 当相关系数为-1 时，投资两项资产的组合风险抵消效果最好

C. 当相关系数为 0 时，投资两项资产的组合不能分散风险

D. 当相关系数为 0 时，投资两项资产的组合可以分散风险

12. 关于投资者要求的收益率，下列说法中正确的有(　　)。

A. 风险程度越高，要求的收益率越低

B. 无风险收益率越高，要求的收益率越高

C. 无风险收益率越低，要求的收益率越高

D. 风险程度越高，要求的收益率越高

13. 按照资本资产定价模型，影响特定股票必要收益率的因素有(　　)。

A. 无风险的收益率　　B. 平均风险股票的必要收益率

C. 特定股票的 β 系数　　D. 财务杠杆系数

14. 下列因素引起的风险中，投资者不可以通过资产组合予以消减的有(　　)。

A. 宏观经济状况变化　　B. 世界能源状况变化

C. 发生经济危机　　D. 被投资企业出现经营失误

＊15. 关于β系数，下列说法正确的是（　　）。

A. β系数用于衡量各股收益率的变动对市场组合收益率变动的敏感性

B. 股票组合的β系数反映股票组合相对于风险股票的变异程度

C. 组合的β系数是构成组合中各股β系数的加权平均数

D. β系数只用于衡量系统风险

E. β系数反映的是非系统风险

＊16. 资本资产定价模型的基本假设为（　　）。

A. 资本市场是有效率的

B. 所有投资者都力图规避风险

C. 所有投资者都是可按无风险利率不受限制地借贷资金

D. 所有证券都存在不同程度的相关性

E. 所有的资产都是可以分割的，都是极具流动性的

17. 在财务管理中，经常用来衡量风险大小的指标有（　　）。

A. 标准离差　　B. 标准离差率

C. 风险报酬率　　D. β系数

E 以上都不对

＊18. 如某投资组合收益呈完全负相关的两只股票构成，则（　　）。

A. 该组合的非系统性风险能完全抵消

B. 该组合的风险收益为零

C. 该组合的投资收益大于其中任一股票的收益

D. 该组合的投资收益标准离差大于其中任一股票收益的标准离差

19. 下列关于风险表述正确的有（　　）。

A. 证券组合的风险可分为可分散风险和不可分散风险

B. 单项资产的风险程度可通过计算标准离差或标准离差率反映

C. 风险报酬率体现对风险的补偿程度

D. β值越高风险越大

E. 证券组合的不可分散风险的程度通常用r系数来计量

20. 风险与报酬的关系可表述为（　　）。

A. 当风险回避增加时，风险报酬率也增加

B. 风险越大，要求的风险报酬率越高

C. 风险越大，要求的风险报酬率越低

D. 当风险回避增加时，风险报酬率降低

E. 以上都不正确

五、简答题（加“*”部分为选讲选做内容，共10题）

1. 什么是收益，如何度量？

2. 什么是风险，如何度量？

*3. 投资组合的风险和收益如何度量？

4. 风险和报酬的关系如何？在进行财务决策时，如何考虑风险与报酬的均衡问题？

*5. 请概述资本市场线与证券市场线有哪些区别和联系？

6. 试比较标准离差和标准离差率。

7. 试比较系统风险和非系统风险，并且举例说明。

*8. 投资多元化分散的是什么风险？对金融投资决策的启示是什么？

*9. 请说明何谓系统风险与非系统风险？并以文字及图形说明投资组合达成风险分散的原理。

10. 老吴在分析了汽车产业股价报酬率和电子产业股价报酬率的关系后发现两者之间有极高的负相关关系，可是两者在最近大盘上的表现却都是跌得很惨！老吴也因此而赔得一塌糊涂。这是什么原因呢？您能告诉老吴吗？

六、计算题（加“*”部分为选讲选做内容，共8题）

1. 某企业A、B两个投资项目的预计收益及相应概率见表3-1。

表3-1　**A、B两项目预计收益及相应概率表**

经济情况	概率（P_i）	收益率（R_i）	
		A方案	B方案
繁荣	$P_1=0.30$	$R_1=20\%$	$R_1=30\%$
一般	$P_2=0.50$	$R_2=10\%$	$R_2=10\%$
较差	$P_3=0.20$	$R_3=5\%$	$R_3=0$

要求：计算期望值、标准离差、标准离差率，并作出评价。

2. 丙公司现有A、B两个投资项目，它们的投资报酬率与市场销售状况密切相关，有关资料见表3-2。

表3-2　A、B两项目投资报酬率与市场销售状况表

市场销售情况	概率	A项目投资报酬率	B项目投资报酬率
很好	30%	30%	20%
一般	50%	10%	10%
很差	20%	-15%	5%

要求：(1) 计算A项目的期望值、标准离差和标准离差率；

(2) 计算B项目的期望值、标准离差和标准离差率；

(3) 假定丙公司规定，任何投资项目的期望报酬率都必须在10%以上，且标准离差率不得超过1，请问丙公司应该选择投资哪一个项目?

*3. 已知甲股票的β系数为1.2，证券市场线的斜率为8%，证券市场线的截距为2.4%，资本资产定价模型成立，乙股票收益率与市场组合收益率的协方差为6.3%，市场组合收益率的标准离差为30%。

要求：(1) 根据题中条件确定市场风险溢酬。

(2) 计算无风险收益率以及甲股票的风险收益率和必要收益率。

(3) 计算甲股票的预期收益率。

(4) 计算股票价格指数平均收益率。

(5) 计算乙股票的β系数。

(6) 如果资产组合中甲的投资比例为0.4，乙的投资比例为0.6，计算资产组合的β系数以及资产组合的必要收益率。

(7) 在要求(6)中，假设资产组合收益率与市场组合收益率的相关系数为0.8，计算资产组合收益率的标准离差。

(8) 如果甲股票收益率标准离差为18%，乙股票收益率的标准离差为10%，资产组合中甲的投资比例为0.3，乙的投资比例为0.7，资产组合收益率的标准离差为8.5%，计算甲、乙股票收益率的协方差。

(9) 根据要求(8)计算甲、乙股票收益率的相关系数。

(10) 根据要求(2)、要求(3)和要求(8)，计算甲股票的风险价值系数。

*4. 甲公司持有A、B、C三种股票，在由上述股票组成的证券投资组合中，各股票所占的比重分别为50%，30%和20%，其β系数分

别为 2.0，1.0 和 0.5。当前的市场收益率为 15%，无风险收益率为 10%。A 股票当前每股市价为 12 元，刚收到上一年度派发的每股 1.2 元的现金股利，预计股利以后每年将增长 8%。

要求：(1) 试计算以下指标：

①甲公司证券组合的 β 系数。

②甲公司证券组合的风险收益率（R_p）。

③甲公司证券组合的必要投资收益率（K）。

④投资 A 股票的必要投资收益率。

(2) 利用股票估价模型分析当前出售 A 股票是否对甲公司有利。

*5. 已知某市场的组合证券期望报酬率和标准离差分别为 15% 和 20%，无风险利率为 8%。

要求：计算某投资者在下列三种情况下的期望收益率及承担的风险。

(1) 将全部资金的 20% 以无风险利率贷出，剩余资金购买市场组合证券。

(2) 以无风险利率借入原有资金的 20%，将全部资金都用于购买市场组合证券。

(3) 只用自有资金购买市场组合的证券。

(4) 全部自有资金以无风险利率贷出。

6. 某公司有 A、B 两个投资方案可供选择，两方案的收益率及其概率分布见表 3-3。假设 A 方案的风险报酬系数为 5%，A 方案的风险报酬系数为 6%。

表 3-3　　A、B 两方案的收益率及其概率分布

经济情况	概率	报酬率（%）	
		A 方案	B 方案
繁荣	0.2	30%	50%
一般	0.6	20%	20%
较差	0.2	10%	-10%

要求：(1) 计算两方案报酬率的预期值。

(2) 计算两方案的标准离差。

(3) 计算两方案的变化系数。

(4) 根据计算结果作出评价。

*7. 已知 A 股票的预期报酬率为 20%，标准离差为 40%；B 股票的预期报酬率为 12%，标准离差为 13.3%，投资者将 25% 的资金投资于 A 股票，75% 的资金投资于 B 股票。

要求：(1) 计算投资组合的预期报酬率。

(2) 若它们的相关系数分别等于 1、-1.0 和 -0.4 分别计算投资组合的标准离差。

(3) 对计算结果进行简要说明。

8. 某股票第 1 年年初的市价为每股 20 元，第 1 年年底涨到每股 25 元，第 2 年年底回跌到每股 24 元，2 年内各发放 2 元的股利，试求其年报酬率和总报酬率。

3.6 推荐资源

1. 想详细了解投资组合理论与资本资产定价模型的，可以阅读下列文献：

[1] 朱顺泉. 资本资产定价模型 CAPM 在中国资本市场中的实证检验 [J]. 统计与信息论坛，2010 (8).

[2] 丁元耀. 组合投资与资本资产定价模型 [J]. 数学的实践与认识，2003 (4).

[3] 刘菲菲，游桂云. 马克威茨投资组合理论在我国证券市场的应用研究 [J]. 经济纵横，2008 (2).

[4] 蒋兆才，企业风险衡量与资本结构优化 [J]. 广西会计，2002 (4).

[5] 阎东明，张华伦. 股票系统风险衡量指标 β 系数及其测定方法 [J]. 西安理工大学学报，1996 (1).

[6] 王毅. Excel 在证券投资风险衡量中的应用 [J]. 广西大学梧州分校学报，2003 (3).

2. 关于财务风险的预警，超出本书的范围，有兴趣的读者可以参考：
［1］陶娅．上市公司财务风险预警文献综述［J］．中国管理信息化，2011（24）．
［2］陶娅．上市公司财务风险的特征和原因分析［J］．现代营销（学苑版），2012（4）．

3.7 课外阅读书目

［1］吉全贵．财务管理［M］．北京：经济科学出版社，1997.（第七章“对外投资管理”）

［2］荆新，王化成，刘俊彦．财务管理学［M］.6 版．北京：中国人民大学出版社，2012.（第九章“短期资产管理”）

［3］汪平，刘兴云．公司理财原理［M］．上海：上海财经大学出版社，1997.（第六章“风险与收益”）

［4］中国注册会计师协会．财务成本管理［M］．北京：经济科学出版社，2014.（第十二章“对外投资管理”）

［5］谷祺，刘淑莲．财务管理［M］．大连：东北财经大学出版社，2002.（第九章“证券管理”）

［6］范霍恩 J，瓦霍维奇 J. 现代企业财务管理［M］．北京：经济科学出版社，1998.（第四章“长期证券的定价”）

3.8 用 Excel 解决本章问题

下面主要介绍用 Excel 解决个别投资项目的风险衡量问题。

1. 相关函数

（1）SQRT 函数

它的主要功能是计算一个正数的正平方根，公式为：

=SQRT（number）

其中，number 为需要计算其正平方根的正数。

（2）sumproduct 函数

它的主要功能是在给定的几组数组中，将数组间对应的元素相乘，并返回乘积之和，公式为：

=sumproduct（array1，array2，array3，...）

其中，Array1，array2，array3，... 为 2 到 30 个数组，其相应元素需要进行相乘并求和。

2. **例题与 Excel 解决方案**

【例 3-1】已知 A、B 两个投资项目，在未来 5 种可能的经济情况下的预计投资收益率及其概率分布如图 3-2 所示，请建立一个模型计算两个项目投资收益率分布的期望值、标准离差和变异系数。

用 Excel 解决该问题的具体操作步骤如下：

（1）设计模型结构，如图 3-3 所示。

（2）计算 A 项目，在单元格 C11 中输入公式“=sumproduct（C4：C8，$B$4：$B$8）”。

在单元格 C12 中输入公式“=SQRT（SUMPRODUCT（（C4：C8-C11）^2，$B$4：$B$8））”。

在单元格 C13 中输入公式“=C12/C11”。

（3）同理计算 B 项目，计算结果如图 3-2。

	A	B	C	D
1	已知条件			
2	经济情况	发生概率	年投资收益率	
3			项目A	项目B
4	严重萧条	0.05	15%	5%
5	衰退	0.2	18%	25%
6	正常	0.5	20%	40%
7	正常繁荣	0.2	23%	55%
8	过热	0.05	25%	70%

图 3-2　A、B 两项目预计投资收益率及概率分布图

	A	B	C	D
1	已知条件			
2	经济情况	发生概率	年投资收益率	
3			项目A	项目B
4	严重萧条	0.05	15%	5%
5	衰退	0.2	18%	25%
6	正常	0.5	20%	40%
7	正常繁荣	0.2	23%	55%
8	过热	0.05	25%	70%
9	计算结果			
10	要求		项目A	项目B
11	期望值		20.20%	39.75%
12	标准差		2.25%	14.01%
13	异系数（标准离差率		11.14%	35.24%

图 3-3　计算结果图

第4章 长期融资

4.1 本章框架

通过本章的学习，要求掌握：筹资渠道与方式；筹资的基本原则；比率预测法的应用；吸收直接投资的特点及优缺点；股票的概念和分类；普通股股东的权利与义务；普通股筹资的优缺点；优先股的特点和种类；优先股筹资的优缺点；债券的基本要素；债券发行价格的计算；债券筹资的优缺点；融资租赁的优缺点；商业信用的形式、现金折扣成本的计算；商业信用的优缺点。

本章基本架构图如图 4-1 所示。

- 认识筹资
  - 筹资的概念
  - 筹资的动机
  - 筹资的渠道
  - 长期筹资方式
    - 吸收直接投资
    - 发行股票
    - 长期借款
    - 发行债券
    - 融资租赁
  - 筹资类型的划分
  - 筹资数量预测
- 股权资金的筹措
  - 吸收直接投资
    - 吸收直接投资种类
    - 吸收直接投资筹资评价
  - 发行股票
    - 股票种类
    - 股票发行
      - 股票发行方式
      - 股票发行价格
      - 股票发售方式
    - 股票上市
    - 股票筹资评价
- 债权资金的筹措
  - 长期借款筹资
    - 长期借款的种类
    - 长期借款信用条件
    - 长期借款的限制性条款
    - 长期借款筹资评价
  - 发行债券
    - 债券的概念
    - 债券的种类
    - 债券的发行
    - 债券的评级
    - 债券筹资评价
  - 融资租赁
    - 租赁的含义与类型
    - 融资租赁的特征
    - 融资租赁的形式
    - 融资租赁的租金
    - 融资租赁筹资评价
- 企业估价
  - 发行优先股
    - 优先股的含义与特征
    - 优先股的种类
    - 优先股筹资评价
  - 发行可转换债券
    - 可转换债券的含义与特征
    - 可转换债券的转换
    - 可转换债券筹资评价
  - 发行认股权证

图 4-1 本章基本架构图

4.2　内容提要

1. 企业资金的分类

(1) 按资金使用期限的长短可分为短期资金和长期资金两种。

(2) 按资金的来源渠道不同，可将企业资金分为自有资金和借入资金。

2. 企业筹资的意义

资金筹集既是企业生产经营活动的前提，又是企业再生产顺利进行的保证。同时筹资也为投资提供了基础和前提。

3. 筹资渠道

筹资渠道是筹借资金来源的方向与通道，体现资金来源与供应量。目前我国的筹资渠道主要有：①国家财政资金；②银行信贷资金；③非银行金融机构资金；④其他企业资金；⑤居民个人资金；⑥企业自留资金。

4. 筹资方式

筹资方式是指企业筹集资金所采用的具体形式。目前我国企业筹资方式主要有以下几种：①吸收直接投资；②发行股票；③银行借款；④商业信用；⑤发行债券；⑥融资租赁。

5. 筹资渠道与筹资方式的相互关系

筹资渠道解决的是资金来源问题，而筹资方式则解决通过何种方式取得资金的问题。一定的筹资方式可能只适用于某一特定的筹资渠道，但是同一渠道的资金往往可采用不同的方式取得。

6. 筹资原则

企业筹资必须遵循以下基本原则：①规模适当原则；②筹措及时原则；③来源合理原则；④方式经济原则。

7. 资金需要量的预测方法

预测资金需要量的三种主要方法有：定性预测法、比率预测法和资金习性预测法。

8. 吸收直接投资

吸收直接投资是指企业按照“共同投资、共同经营、共担风险、共享利润”的原则直接吸收国家、法人、个人投入资金的一种筹资方式。吸收投资中的出资方式主要有：①现金投资；②实物投资；③工业产权投资；④土地使用权投资。

9. **股票**

股票是股份公司为筹集自有资金而发行的有价证券，是投资人投资入股以及取得股利的凭证，它代表了股东对股份制公司的所有权。

10. **优先股**

优先股是一种具有双重性质的证券，它虽属自有资金，但却兼有债券性质。

11. **借款利息的支付方式**

（1）利随本清法。此种方法下，实际利率=名义利率。

（2）贴现法。此种方法下，实际利率>名义利率。

12. **债券**

债券是社会各类经济主体为筹集负债资金而向投资人出具的，按一定利率定期支付利息，并到期偿还本金的债权债务凭证。主要包括债券的面值、债券的期限、利率与利息、债券的价格等基本要素。

13. **债券的发行条件**

我国公司法对发债企业的基本要求重点要掌握：股份有限公司的净资产额不低于3 000万元，有限责任公司的净资产额不低于6 000万元；累计债券总额不超过公司净资产的40%；最近3年平均可分配利润足以支付公司债券1年的利息等。

14. **债券的发行价格**

债券的发行价格有以下三种：等价发行、折价发行和溢价发行。

15. 租赁是出租人在承租人给予一定报酬的条件下，授予承租人在约定期限内占有和使用财产权利的一种契约性行为。

租赁主要分为经营租赁和融资租赁两种。

融资租赁可细分为三种：售后租回、直接租赁和杠杆租赁。

16. **租金的构成**

经营租赁的租金，包括租赁资产购买成本、租赁期间利息、租赁物件维护费、业务及管理费、税金、保险费及租赁物的陈旧风险补偿金等。

融资租赁的租金包括设备价款和租息两部分，其中租息又可分为租赁公司的融资成本和租赁手续费等。

17. **商业信用**

商业信用是指商品交易中的延期付款或延期交货所形成的借贷关系，是企业之间的一种直接信用关系。商业信用的形式有：①赊购商品；②预收货款；③商业汇票等。

18. **几种筹资方式的优缺点**（见表4-1）

表4-1 **筹资方式表**

序号	筹资形式	优点	缺点
1	普通股	（1）没有固定的利息负担 （2）没有固定的到期日，不用偿还 （3）筹资风险小 （4）能增加公司信誉 （5）筹资限制较少	（1）资金成本较高 （2）容易分散控制权
2	优先股	（1）没有固定的到期日，不用偿还本金 （2）股利支付既固定，又有一定弹性 （3）有利于增强公司信誉	（1）筹资成本高 （2）筹资限制多 （3）财务负担重
3	银行借款	（1）筹资速度快 （2）筹资成本低 （3）借款弹性好	（1）限制条款较多 （2）筹资数额有限
4	债券	（1）资金成本低 （2）保证控制权 （3）发挥财务杠杆作用	（1）筹资风险高（有导致破产的可能） （2）限制条件多 （3）筹资额有限
5	租赁	（1）筹资速度快 （2）限制条款少 （3）设备淘汰风险小 （4）到期还本负担轻 （5）税收负担轻（租金可在税前扣除） （6）租赁可提供一种新的资金来源	（1）租金总额往往要超出设备买价许多，故成本较高 （2）在承租企业财务困难时期，固定的租金支付也会构成一项企业的负担 （3）采用租赁方式如不能享有设备残值，可视为承租企业的一种机会损失
6	商业信用	（1）筹资便利 （2）筹资成本低 （3）限制条件少	（1）商业信用的期限一般较短 （2）若放弃现金折扣，则要付出较高的资金成本

4.3 重点与难点解析

企业筹集资金既要考虑资金成本，还要考虑筹资风险，否则会给企业生存带来较大的威胁，甚至导致企业破产。不同的筹资方式，其筹资风险不同。筹资风险狭义上仅指筹资带来的财务风险，广义上还包括普通股收益变动的风险。

（1）负债筹资方式。债务资金必须还本付息，并因金额、用途和期限的不同而承担不同的偿债压力，其筹资风险最大，具有财务杠杆的作用。当投资收益率高于利息率时，能提高股东的收益。但当投资收益率低于利息率时，则会降低股东收益，甚至危及股东资本，因此负债筹资还包括使普通股收益变动的风险。

（2）权益筹资方式。权益资本不存在还本付息的偿债负担和风险，筹资风险最小。但若权益筹资使用不当，会降低普通股收益，因此它存在使股东收益变动的风险。

（3）租赁筹资方式。租赁筹资要定期支付租金，因此存在财务风险。同样，租赁资产若未产生预期收益，也会降低股东收益，因而也存在使股东收益变动的风险。租赁筹资因分期付款，其风险介于负债筹资和权益筹资之间。

筹资风险主要是指因改变筹资结构而使企业丧失偿债能力和降低资本金收益率的可能性。这种风险主要来自企业的经营方式、资金的组织形式、利率与汇率的变化，为此必须进行经营风险和财务风险的分析评估。通过定量分析，选择理想的筹资方案，避免重大的风险和损失。

4.4 本章主要公式

1. 比率预测法（销售百分比法）

比率预测法下，计算外部资金需要量的具体公式如下：

$$外部资金的需要量=\frac{A}{S_1}(\Delta S)-\frac{B}{S_1}(\Delta S)-EP(S_2)$$

其中：A——随销售变动的资产（变动资产）

B——随销售变化的负债（变动负债）

S_1——基期销售额

S_2——预测期销售额

ΔS——预测期销售额减基期销售额

E——收益留存比率

P——销售净利率

$\frac{A}{S_1}$——变动资产占基期销售额的百分比

$\frac{B}{S_1}$——变动负债占基期销售额的百分比

2. 借款利息的支付方式

（1）利随本清法。此种方法下，实际利率=名义利率。

（2）贴现法。此种方法下，实际利率>名义利率。计算公式如下：

$$贴现贷款实际利率=\frac{利息}{贷款金额-利息}$$

$$=\frac{名义利率}{1-名义利率}$$

3. 债券的发行价格

$$债券发行价格=\frac{票面金额}{(1+市场利率)^n}+\sum_{t=1}^{n}\frac{票面金额\times票面利率}{(1+市场利率)^t}$$

其中：n——债券期限

t——付息期数

通过计算，我们可以得到以下结论：

（1）当票面利率等于市场利率时，债券等价发行；

（2）当票面利率大于市场利率时，债券溢价发行；

（3）当票面利率小于市场利率时，债券折价发行。

4. 租金的计算方法

在我国融资租赁业务中，计算租金的方法一般采用等额年金法，分先付租金和后付租金两种计算方式：

（1）后付租金的计算公式：$A=P/(P/A,i,n)$。

（2）先付租金的计算公式：$A=P/[(P/A,i,n-1)+1]$。

5. 现金折扣成本的计算

如果销货单位提供现金折扣，购买单位应争取获得此项折扣，因为丧失现金折扣的机会成本很高。可按下式计算：

$$资金成本率 = \frac{CD}{1-CD} \times \frac{360}{N} \times 100\%$$

其中：CD——现金折扣的百分比

N——失去现金折扣后延期付款的天数

4.5 章节自测习题

一、单项选择题（共10题）

1. 有下列情形，不会被暂停股票上市(　　)。

A. 财务报告虚假　　B. 最近两年连续亏损

C. 股本总额下降4 800万元　　D. 有重大违法行为

2. 在新设立的股份有限公司申请发行股票时，发起人认购的股本数额不少于公司拟发行股本的(　　)。

A. 25%　　B. 10%

C. 35%　　D. 15%

3. 下列优先股中，对股份公司有利的是(　　)。

A. 累积优先股　　B. 可转换优先股

C. 参加优先股　　D. 可赎回优先股

4. 债券筹资的特点之一是(　　)。

A. 资金成本高　　B. 财务风险小

C. 筹资数额无限　　D. 可利用财务杠杆

5. 某债券面值为1 000元，票面年利率为12%，期限6年，每半年支付一次利息。若市场利率为12%，则其发行时的价格将(　　)。

A. 高于1 000元　　B. 低于1 000元

C. 等于1 000元　　D. 无法计算

6. 发行浮动利率债券的主要目的是(　　)。

A. 增加债券持有人的收益　　B. 可使企业融资具有弹性

C. 为了对付通货膨胀　　D. 遵循公司法的有关规定

7. 按照是否记名，可将债券分为(　　)。

A. 记名债券和无记名债券

B. 可转换债券和不可转换债券

C. 信用债券和担保债券

D. 不动产抵押债券、动产抵押债券和证券信托抵押债券

8. 财务风险是(　　)带来的风险。

A. 通货膨胀　　B. 高利率

C. 筹资决策　　D. 销售决策

9. 一般情况下，下列筹资方式中企业所承担的财务风险由大到小排列为(　　)。

A. 融资租赁、发行股票、发行债券

B. 融资租赁、发行债券、发行股票

C. 发行债券、融资租赁、发行股票

D. 发行债券、发行股票、融资租赁

10. 在我国融资租赁业务中，计算租金的方法一般采用(　　)。

A. 直线法　　B. 递减法

C. 等额年金法　　D. 不等额支付法

二、多项选择题（共14题）

1. 下列有关优先股的表述，正确的是(　　)。

A. 可转换优先股是股东可在一定时期内按一定比例把优先股转换成普通股的股票

B. 不参加优先股是不能参加利润分配的优先股

C. 非累积优先股是仅按当年利润分取股利，而不予以累积补付的优先股

D. 可赎回优先股是股份公司可以按一定价格收回的优先股

2. 有下列情况之一者，可能被暂停股票上市(　　)。

A. 财务报告中存在虚假信息

B. 最近两年连续亏损

C. 公司股本总额为4 900万元

D. 公司股本总额为39 000万元，向社会公众发行的股份达股份总数的24.8%

3. 与股票筹资方式相比，银行借款筹资的优点包括(　　)。

A. 筹资速度快　　B. 借款弹性大

C. 使用限制少　　D. 筹资费用低

4. 优先股的优先权主要表现在(　　)。

A. 优先认股　　B. 优先取得股息

C. 优先分配剩余财产　　D. 优先行使投票权

5. 相对于发行债券筹资，对于企业而言，发行股票筹集资金的优点有(　　)。

A. 增强公司筹资能力　　B. 降低公司财务风险

C. 降低公司资金成本　　D. 筹资限制较少

6. 影响债券发行价格的因素包括(　　)。

A. 债券面额　　B. 票面利率

C. 市场利率　　D. 债券期限

7. 下列具有发行公司债券资格的有(　　)。

A. 股份有限公司

B. 国有独资公司

C. 两个以上的国有企业投资设立的有限责任公司

D. 其他两个以上的国有投资主体投资设立的有限责任公司

8. 长期借款筹资的特点表现在(　　)。

A. 筹资风险较高　　B. 借款成本较高

C. 限制条件较多　　D. 筹资数量有限

9. 下列各项中，用于长期借款合同例行性保护条款的有(　　)。

A. 限制现金股利支付水平

B. 限制为其他单位或个人提供担保

C. 限制租赁固定资产规模

D. 限制高级管理人员的工资和奖金支出

10. 对企业而有，发行股票筹集资金的优点有(　　)。

A. 增强公司筹资能力　　B. 降低公司财务风险

C. 降低公司资金成本　　D. 没有使用约束

11. 与股票筹资方式相比，银行借款筹资的优点包括(　　)。

A. 筹资速度快　　B. 借款弹性大

C. 使用限制少　　D. 筹资费用低

12. 可转换债券设置合理的回售条款，可以(　　)。

A. 保护债券投资人的利益

B. 促使债券持有人转换股份

C. 使投资者具有安全感，因而有利于吸引投资者

D. 使发行公司避免市场利率下降后，继续向债券持有人支付较高的债券票面利率所蒙受的损失。

13. 融资租赁的租金包括(　　)。

A. 设备价款　　B. 设备租赁期间利息

C. 租赁手续费　　D. 折旧

14. 租赁筹资具有的优点包括(　　)。

A. 能迅速获得所需资产

B. 租赁能减少设备陈旧过时的风险

C. 租赁集资限制较少

D. 租金可在税前扣除，能减少所得税上交额

三、判断题（共12题）

1. 优先股是一种具有双重性质的证券，它虽属自有资金，但却兼有债券性质。（　）

2. 收益债券是指在企业不盈利时，可暂不支付利息，而到获利时支付累积利息的债券。（　）

3. 公司法对发债企业的基本要求是公司的净资产额不低于6 000万元。（　）

4. 在债券面值与票面利率一定的情况下，市场利率越高，则债券的发行价格越低。（　）

5. 累积优先股、可转换优先股、参加优先股均对股东有利，而可赎回优先股则对股份公司有利。（　）

6. 在一定的时期内，可转换债券的持有人可以按规定的价格或一定比例将其持有的可转换债券自由地选择转换为普通股。（　）

7. 始发股票和新股发行的具体条件、目的、发行价格不尽相同，股东的权利、义务也不一致。（　）

8. 特殊性保护条款是针对某些特殊情况而出现在部分借款合同中的，如贷款专款专用、不贴现应收票据或出售应收账款以避免或有负债等。（　）

9. 对于借款企业来讲，若预测市场利率上升，应与银行签订浮动利率合同。（　）

10. 股份有限公司申请其股票上市的必备件之一是：公司股本总额不少于人民币 5 000 万元。 （ ）

11. 在市场利率大于票面利率的情况下，债券的发行价格大于其面值。 （ ）

12. 发行可转换债券与发行一般债券相比筹资成本较低。 （ ）

四、计算题（共 2 题）

1. 企业拟发行面值为 100 元的债券一批。该债券期限为 3 年，单利计息，票面利率 12%，到期一次还本付息。

要求：计算市场利率分别为 10%、12%、15% 时的发行价格。

2. 某企业为扩大经营规模融资租入一台机床，该机床的市价为 198 万元，租期为 10 年，租赁公司的融资成本为 20 万元，租赁手续费为 15 万元。租赁公司要求的年报酬率为 15%。

要求：（1）确定租金总额。

（2）如果采用等额年金法，每年年初支付，则每期租金为多少？

（3）如果采用等额年金法，每年年末支付，则每期租金为多少？

4.6 推荐资源

1. 我国学术界对于融资渠道和融资方式的讨论，具有我国经济环境和发展阶段的特点，有兴趣的读者可以参阅：

[1] 黄芳．浅析我国上市公司融资渠道［J］．中国证券期货，2010（11）．

[2] 李茜，黄子莹．中国上市公司融资方式比较分析［J］．商场现代化，2012（10）．

[3] 李晓红，李红兵．银行借款融资存在问题分析［J］．石家庄铁路职业技术学院学报，2007（02）．

[4] 张楠．关于债券概念和特点的解析，河南科技［J］．2013（11）．

[5] 王铭泽．我国企业债券融资问题研究［J］．现代营销（学苑版），2013（1）．

[6] 李政为．债券评级与发行定价关系研究［J］．中国证券期货，2013（9）．

[7] 陈丽芹，郭焕书．利用融资租赁解决中小企业融资难问题［J］．企业经济，2011（11）．

[8] 蒋涛．中国股票发行制度演变研究［J］．经济师，2013（1）．

[9] 黄福广，李西文．我国上市公司发行可转债的动机与条款设计——以“歌华转债”为例［J］．华东经济管理，2010（3）．

2. 优先股筹资是我国资本市场中的新生事物，想了解优先股相关内容的读者可以参阅：

[1] 周小川．优先股能在处理危机中发挥独特作用［J］．中国金属通报，2013（34）．

[2] 丁楹．从美国优先股制度发展历程看中国转轨时期优先股制度的建立［J］．中央财经大学学报，2013（5）．

[3] 李勇．优先股将出，《公司法》面临修改［J］．中国经济周刊，2013（37）．

3. 中小企业的融资问题是各方关注的一个问题，有兴趣的读者可以参阅：

[1] 任泽洙．浅谈我国中小企业融资渠道不畅的现状及原因［J］．商业研究，2007（12）．

[2] 鲍金良．我国中小企业融资环境及改善措施解析［J］．中国管理信息化，2012（02）．

4. 想了解直接投资这种股权性筹资形式的，可以参阅以下资料：

[1] 王桂英．中国企业对外直接投资现状与发展前景分析［J］．内蒙古统计，2006（6）．

[2] 张娴．外商直接投资在大陆市场中的新变化研究［J］．商场现代化，2013（20）．

[3] 吕云荷．中国对外直接投资发展现状分析［J］．中国证券期货，2013（7）．

4.7 课外阅读书目

[1] 中国证券监督管理委员会．上市公司新股发行管理办法［EB/OL］．（2001 - 03 - 28）．http：//www.cnnsr.com.cn/jtym/fgk/2001/

20010225000000010943. shtml.

[2] 王庆成，郭复初．财务管理学［M］．北京：高等教育出版社，2000.（第三章）

[3] 刘志远．财务管理［M］．天津：南开大学出版社，1999.

[4] 刘立喜．可转换公司债券［M］．上海：上海财经大学出版社，1999.

[5] 谷祺，刘淑莲．财务管理［M］．大连：东北财经大学出版社，2000.

4.8 用 Excel 解决本章问题

下面主要介绍用 Excel 解决分析债券发行价格的问题。

【例 4-1】某公司拟发行两种期限不同的债券，甲债券的期限为 4 年，乙债券的期限为 20 年。两种债券面值均为 1 000 元，票面利率均为 8%，每年末付息一次，到期一次还本。当市场利率分别为 3%、6%、8%、11%、14% 的情况下，两种债券的价值是多少？

用 Excel 解决该问题的具体操作步骤如下：

（1）设计模型结构，如图 4-2 所示。

（2）计算甲债券的价值，在 B9 单元格中输入公式"= PV（B8，$B$5，-$B$3 * $B$4，-$B$3）"，然后向右复制至单元格 F9。

（3）同理，计算乙债券价值，在 B10 单元格输入公式"= PV（B8，$C$5，-$C$3 * $C$4，-$C$3）"，然后向右复制至单元格 F10，结果如图 4-3 所示。

	A	B	C	D	E	F
1	债券资料					
2		甲债券	乙债券			
3	债券面值（元）	1000	1000			
4	票面利率	8%	8%			
5	期限（年）	4	20			
6						

图 4-2　设计模型结构图

	A	B	C	D	E	F
1	**债券资料**					
2		甲债券	乙债券			
3	债券面值（元）	1000	1000			
4	票面利率	8%	8%			
5	期限（年）	4	20			
6						
7	**债券价值计算**					
8	市场利率（%）	3%	6%	8%	11%	14%
9	甲债券的价值（元）	1,185.85	1,069.30	1,000.00	906.93	825.18
10	乙债券的价值（元）	1,743.87	1,229.40	1,000.00	761.10	602.61

图 4-3　计算结果图

第5章 资本结构

5.1 本章框架

通过本章的学习，要求了解资金成本的概念与作用。熟悉经营杠杆、财务杠杆和复合杠杆的概念及其相互关系，熟悉经营杠杆与经营风险、财务杠杆与财务风险以及复合杠杆与企业风险的关系。掌握个别资金成本、加权平均资金成本和资金边际成本的计算方法，各种杠杆的计算方法，资本结构的含义，息税前利润—每股利润分析法、比较资金成本法和因素分析法。

本章基本架构图如图5-1所示。

- 认识资本成本
  - 资本成本的含义
  - 资本成本的作用
  - 资本成本的类别
  - 影响资本成本的因素
  - 资本成本的计算
    - 个别资本成本
      - 银行借款资本成本
      - 债券资本成本
      - 普通股资本成本
      - 优先股资本成本
      - 留存收益资本成本
    - 加权平均资本成本
      - 账面价值法
      - 市场价值法
      - 目标价值法
    - 边际资本成本
- 杠杆理论
  - 经营杠杆
    - 经营杠杆的概念
    - 经营杠杆的度量
    - 经营杠杆与经营风险
  - 财务杠杆
    - 财务杠杆的概念
    - 财务杠杆的度量
    - 财务杠杆与财务风险
  - 联合杠杆
    - 联合杠杆的概念
    - 联合杠杆的度量
    - 联合杠杆与联合风险
- 资本结构决策
  - 资本结构的概念
  - 资本结构理论概述
    - 早期资本结构理论
    - 现代资本结构理论
  - 最优资本结构决策
    - 每股收益分析法
    - 资本成本比较法
    - 企业价值分析法

图5-1 本章基本架构图

5.2 内容提要

1. 资金成本是指企业筹集和使用资金必须支付的各种费用。资金成本包括用资费用和筹资费用两部分内容。

2. 个别资金成本是指各种筹资方式的成本，主要包括债券成本、银行借款成本、优先股成本、普通股成本及留存收益成本，前两者可统称为负债资金成本，后三者被称作权益资金成本。

3. 综合资金成本是以各种资金所占的比重为权数，对各种资金成本进行加权平均计算出来的，故称为加权平均资金成本。

4. 边际资金成本又被称作资金的边际成本，是指资金每增加一个单位而增加的成本。

5. 财务管理中的杠杆原理，是指由于固定费用的存在，当业务量发生较小的变化时，利润会产生较大的变化。

6. 资本结构是指企业各种资金的构成及其比例关系。狭义的资本结构是指长期资本结构；广义的资本结构是指全部资金（包括长期资金和短期资金）的结构。

7. 最优资本结构，是指在一定条件下使企业加权平均资金成本最低、企业价值最大的资本结构。

5.3 重点与难点解析

1. 资金成本的作用

（1）资金成本在筹资决策中的作用。资金成本在筹资决策中的作用体现在：①它是影响企业筹资总额的重要因素；②它是选择资金来源的基本依据；③它是选用筹资方式的参考标准；④它是确定最优资本结构的主要参数。

（2）资金成本在投资决策中的作用。资金成本在投资决策中的作用体现在：①它在计算净现值指标时作为折现率；②它在利用内部收益率指标决策时作为基准收益率。

2. 资本结构分析

（1）资本结构的概念。

资本结构是指企业各种资金的构成及其比例关系。狭义的资本结构是指长期资本结构；广义的资本结构是指全部资金（包括长期资金和短期资金）的结构。

（2）息税前利润—每股利润分析法。

在融资分析时，当预计息税前利润或销售额高于每股利润无差异点的息税前利润或销售额时，运用负债筹资的方式可获得较高的每股利润，较为有利。反之，当预计息税前利润或销售额低于每股利润无差异点的息税前利润或销售额时，运用权益筹资可获得较高的每股利润，较为有利。

3. 最优资本结构

最优资本结构是实现企业目标的资本结构。不同的企业目标对应着不同的最优资本结构。现代资本结构理论以企业价值最大化作为资本结构优化的目标，最优资本结构是使企业价值最大的资本结构。一般认为，最优资本结构是指企业加权平均资本成本最低，同时企业价值达到最大的资本结构。最优资本结构与资本结构优化的目标密切相关，在股东利益最大化目标下，最优资本结构是使企业股东价值最大的资本结构，在利益相关者利益最大化目标下，能够使利益相关者利益最大化的资本结构为最优资本结构。因此最优资本结构也称为目标资本结构。

企业融资的结果形成了资本结构，资本结构是一个静态的概念。融资结构是指企业在筹集资金时，由不同渠道取得的资金之间的有机构成及其比重关系，是一个动态概念。资本结构是融资结构的累积，而融资结构是在现有的资本结构的基础上进行再融资对不同资金来源所进行的选择。融资结构决定了资本结构。融资成本是企业资金提供者对企业提出的要求，融资成本一方面影响融资结构，另一方面又受现有资本结构的影响。在再融资时企业总是选择成本较低的资本，但是各种资本的成本可能随着该种资本融入数量（或比例）的变化而变化。比如在一开始，企业的债务融资成本往往比股权低，但是随着债务比例的提高，债务的成本将加速提高，最终可能超过股权的成本。企业价值是我们评价资本结构优劣的标准，也是融资决策的依据，使企业价值最大的资本结构就是最优资本结构。

资本结构优化相关概念的逻辑关系图如图 5-2 所示。

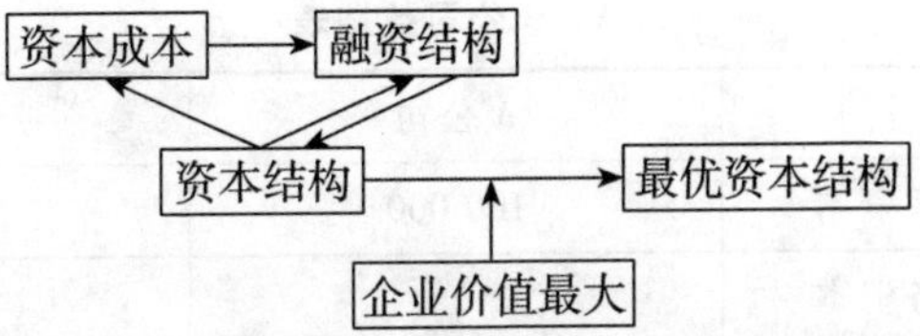

图 5-2　资本结构优化相关概念逻辑关系图

4. 资本结构与公司价值

（1）公司价值的计算。公司价值 V 的计算公式如下：

$$V=S+D$$

其中，S 代表权益性资本价值，其计算公式为：

$$S=\frac{E}{Ke}$$

式中，Ke 的确定主要有两种方法，它可以用普通股资本成本公式来计算，也可以用资本资产定价模型来计算。

D 代表债务性资本价值，其计算公式为：

$$D=\frac{I}{K}$$

（2）资本结构与企业价值的无关论是资本结构理论的最基本理论，因为它包含了资本结构与企业价值关系的基本原理。单从字面意义的角度不太好理解，现举例说明如下：

【例 5-1】假设有 A、B 两家公司，其经营规模相同、经营风险相同，只是资本结构不同。A 公司全部用股权资本经营。B 公司利用负债经营，债务资本占总资本的 20%。债务利率为 8%，这两家公司计算企业价值和资金成本的相关资料见表 5-1。

依据表 5-1 的相关资料，A、B 两公司的企业价值和加权平均资本成本计算如下：

$$A\text{ 公司的企业价值}=\frac{10\ 000}{10\%}=100\ 000\text{（元）}$$

$$B\text{ 公司的企业价值}=\frac{8\ 400}{10.5\%}+\frac{1\ 600}{8\%}=100\ 000\text{（元）}$$

A 公司的加权平均资本成本 = 10%

$$B\text{ 公司的加权平均资本成本}=80\%\times10.5\%+20\%\times8\%=10\%$$

表 5-1　　A、B 公司数据表　　金额单位：元

项目		A 公司	B 公司
资本构成	股权资本	100 000	80 000
	债务资本		20 000
资本合计		100 000	100 000
公司营业利润		10 000	10 000
债务利息		0	1 600
股东股利		10 000	8 400
股权资本成本率		10%	10.5%

计算结果表明，在两家公司只有资本结构不同、其他条件均相同，并且满足资本结构理论初始假定条件的情况下，两公司的价值和加权平均成本均相同。这就说明单纯的资本结构变动与企业的价值无关。如果站在投资者的立场看问题，其他相同，只是资本结构不相同的两家公司，它们的投资价值没有多大差别。这个问题，可以通过套利法来验证。假定某投资者拥有 B 公司 10% 的股份，那么他可以得到的投资收益为 840 元（8 400×10%）。如果该投资者将投入 B 公司的 10% 的股本加上 2 000 元的借款购买 A 公司 10% 的股份，那么在年利率为 8% 的条件下，他同样可以得到 840 元（10 000×10% -2 000×8%）的净收益。可见，个人财务杠杆与公司财务杠杆具有相互替代的关系。

5.4　本章主要公式

1. 资金成本

资金成本包括用资费用和筹资费用两部分内容。

$$资金成本=\frac{每年的用资费用}{筹资数额-筹资费用}$$

2. 长期（银行）借款成本

长期（银行）借款成本的计算公式为：

$$K_L=\frac{I\ (1-T)}{L\ (1-f)}=\frac{i\times L\ (1-T)}{L\ (1-f)}=\frac{i\times\ (1-T)}{(1-f)}$$

其中：K_L——长期借款资本成本

I——银行借款年利息

L——银行借款总额

T——所得税税率

i——银行借款年利率

f——银行借款筹资费用率

3. 债券成本

债券成本的计算公式为：

（1）不考虑货币时间价值。在不考虑货币时间价值的情况下，用下面的公式计算债券的资本成本。

$$K_b=\frac{I\ (1-T)}{B_0\ (1-f)}=\frac{i\times B\ (1-T)}{B_0\ (1-f)}=\frac{i\times B\ (1-T)}{B_0\ (1-f)}$$

其中：K_b——债券成本

I——债券年利息

T——所得税税率

B——债券面值

i——债券票面利率

B_0——债券筹资额（按发行价格计算）

f——债券筹资费用率

（2）考虑货币时间价值。在考虑货币时间价值的情况下，采用“债券到期收益率”的原理进行计算。其计算公式如下：

$$B_0(1-f)=\sum_{i=1}^{n}\frac{I_i(1-T)}{(1+K)^i}+\frac{M}{(1+K)^n}$$

其中：B_0——筹资额（没有扣除筹资费用）

I——债券年利息

T——所得税税率

K——资本成本率

i——债券票面利率

M——债券面值

f——债券筹资费用率

该计算方法是把企业未来现金流出的现值与企业现在所能筹集到资金净额的现值相等的贴现率作为债券和借款的个别资本成本。这种计算方法较为复杂，需要用“内插法”进行计算，但是其计算结果较为准确。

4. **优先股资本成本**

$$K_p=\frac{D}{P}$$

其中：K——个别资本成本

D——每年固定支付的股利

P——发行价格

如果是新发行的优先股，则还需加入筹资费用。其成本的计算公式是：

$$K_p=\frac{D}{P\ (1-f)}$$

其中：f——筹资费用率

5. **普通股资本成本**

普通股资本成本的计算主要有固定股利增长模型和资本资产定价模型。

股利固定增长模型是假设每期股利永远以一个固定的增长率增长。其计算公式如下：

$$K_s=\frac{D_1}{P\times\ (1-f)}+g$$

其中：K_s——普通股资本成本

D_1——预期下一年的股利

g——每年股利的固定增长率

f——筹资费用率

6. **留存收益资本成本**

留存收益资本成本的计算方法与普通股相似，唯一的区别是留存收益没有资本筹资费用，其计算公式如下：

$$K_p=\frac{D_1}{V_0}+g$$

7. **加权平均资本成本**

加权平均资本成本是指企业以不同途径的资本金额占全部资本金额的比重为权数而加权平均所求得的全部资本的平均成本。加权平均资本成本的计算公式为：

$$K_W = \sum_{j=1}^{n} K_j W_j$$

其中：K_W——加权平均资本成本

K_j——第 j 种个别资本成本

W_j——第 j 种个别资本占全部资本的比重（权数）

8. 边际资本成本的计算

边际资本成本可按以下三个步骤来计算：

第一步，分析资本市场的资金供需状况，以确定各种筹资方式的资本成本分界点。所谓资本成本分界点，是指使资本成本发生变动的筹资金额。

第二步，确定新筹资金的结构。

第三步，根据已定的资本结构及各种筹资方式的成本分界点，计算筹资突破点，并列出与之对应的筹资范围。

筹资突破点的计算公式为：

$$TF_i = \frac{B_i P_i}{W_i}$$

其中：TF_i——针对某种筹资方式而言的筹资突破点

$B_i P_i$——该种筹资方式的成本分界点

W_i——该种资金在筹资总额中的比重

9. 每股收益的无差别点

每股收益的无差别点是指每股收益不受融资方式影响的销售水平，一般用息税前利润表示。每股收益即 EPS 的计算公式为：

$$EPS = \frac{(S-VC-F-I)\ (1-T)}{N} = \frac{(EBIT-I)\ (1-T)}{N}$$

其中：S——销售收入

VC——变动成本

F——固定成本

I——利息

T——所得税税率

N——普通股股数

每股收益无差别点计算公式为：

$$EPS_1 = EPS_2$$

其中：EPS_1——负债融资方案下的每股收益

EPS_2——所有者权益融资方案下的每股收益

展开上述公式即得：

$$\frac{(\overline{EBIT}-I_1)(1-T)-D_{P_1}}{N_1}=\frac{(\overline{EBIT}-I_2)(1-T)-D_{P_2}}{N_2}$$

其中：I_1，I_2——两种筹资方式下的年利息

N_1，N_2——两种筹资方式下的流通在外的普通股股数

D_{P_1}，D_{P_2}——两种筹资方式下优先股年股利额

$\overline{EBIT}$——息税前利润平衡点，即每股利润无差别点

10. 经营杠杆系数

经营杠杆系数是指息税前利润变动率相当于产销量变动率的倍数。其计算公式为：

$$DOL=\frac{\Delta EBIT/EBIT}{\Delta S/S}$$

其中：EBIT——变动前的息税前利润

ΔEBIT——息税前利润的变动额

S——变动前的产销量

ΔS——产销量的变动额

由理论公式推导出便于应用的计算公式，称为通用公式，其计算公式为：

$$DOL=\frac{\text{基期边际贡献总额}}{\text{基期息税前利润}}$$

11. 财务杠杆系数

财务杠杆是指因利息和优先股股息的固定性而导致的普通股收益变动大于息税前利润变动的杠杆效应。

财务杠杆系数是普通股每股利润的变动率为息税前利润变动率的倍数，其计算公式为：

$$DFL=\frac{\Delta EPS/EPS}{\Delta EBIT/EBIT}$$

其中：ΔEPS——基期每股利润或基期普通股利润

EPS——普通股每股利润变动额或普通股利润变动额

ΔEBIT——息税前利润变动额

EBT——基期息税前利润

由理论公式推导出便于应用的计算公式，称为通用公式，其计算公式为：

$$DFL=\frac{EBIT}{EBIT-I-\frac{D_P}{1-T}}$$

其中：EBIT——息税前利润

I——固定利息支出

D_P——优先股股利

T——所得税税率

若企业未发行优先股，则：

$$DFL=\frac{EBIT}{EBIT-I}$$

12. **复合杠杆系数**

复合杠杆系数是指每股利润变动率相当于业务量变动率的倍数。复合杠杆系数的计算公式为：

$$DCL=\frac{\Delta EPS/EPS}{\Delta S/S}$$

$$=DOL\cdot DFL$$

5.5 章节自测习题

一、名词解释（共15题）

1. 资本结构
2. 净收益理论
3. 净营业收益理论
4. 传统理论
5. MM 理论
6. 资本成本
7. 个别资本成本
8. 加权平均资本成本
9. 边际资本成本
10. 成本习性
11. 经营杠杆
12. 财务杠杆
13. 复合杠杆
14. 资本成本比较法
15. 资本结构调整

二、判断题（共30题）

1. MM 理论认为企业价值不受有无负债以及负债程度的影响。（ ）

2. 由于经营杠杆的作用，当息税前盈余下降时，普通股每股盈余会下降得更快。 ( )

3. 如企业负债筹资为零，则财务杠杆系数为1。 ( )

4. 长期借款由于借款期限长、风险大，因此借款成本也较高。 ( )

5. 财务杠杆的作用在于通过扩大销售量以影响息税前利润。 ( )

6. 每股收益分析法的决策目标并非公司价值最大化。 ( )

7. 通过每股收益无差别点分析，可以判断在什么样的销售水平下适于采用何种资本结构。 ( )

8. 净收益观认为，债务比例越低，公司的净收益就越高，从而公司的价值就越高。 ( )

9. 每股收益无差别点分析法只考虑资本结构对每股收益的影响，但没考虑资本结构对风险的影响。 ( )

10. 留存收益是企业利润所形成的，所以使用留存收益不需要付出任何代价。 ( )

11. 经营杠杆并不是经营风险的来源，而只是放大了经营风险。 ( )

12. 在不考虑风险的情况下，当息税前利润大于每股利润无差别点时，企业增加负债筹资比增加股权资本筹资更为有利。 ( )

13. 公司的最佳资本结构一定是使每股收益最大的资本结构。 ( )

14. 作为投资决策和企业价值评估依据的资本成本，既可以是现有债务的历史成本也可以是未来借入新债务的成本。 ( )

15. 计算加权平均资本成本时，可以有三种权数，即账面价值权数、市场价值权数和目标价值权数，其中账面价值权数既方便又可靠。 ( )

16. 使用每股利润无差别点法进行最佳资本结构的判断时考虑了风险的因素。 ( )

17. 权衡理论认为负债可以为企业带来税额庇护利益，当负债比率超过某一程度后，破产成本开始变得重要，当边际负债的税额庇护利益

等于边际破产成本时，企业价值最大，达到最佳资本结构。（　）

18. 一般来说在其他因素不变的情况下，固定成本越高，经营杠杆系数越大，经营风险就越高。（　）

19. 当经营杠杆系数和杠杆系数均为1.5时，总杠杆系数为3。（　）

20. 所得税税率越高，负债的好处越少。反之，税率越低，采用借债方式筹资的益处就越多。（　）

21. 增加负债的比重，虽然会影响信用评级机构对企业的评价，但却可以降低资金成本。（　）

22. 在个别资本成本一定的情况下，综合资本成本取决于资金总额。（　）

23. 财务风险是企业在确定最优资本结构时应考虑的唯一因素。（　）

24. 在其他因素不变的情况下，复合杠杆系数越大，则复合风险越小。（　）

25. 企业最优资本结构是指在一定条件下使企业负债资金成本最低的资本结构。（　）

26. 资金成本是指企业筹资付出的代价，一般用相对数表示，即资金占用费加上资金筹集费之和除以筹资金额。（　）

27. 若债券利息率、筹资费率和所得税率均已确定，则企业的债务成本率与发行债券的价格无关。（　）

28. 由于不需要定期支付利息，所以优先股成本一般要低于债券成本。（　）

29. 边际资金成本是指资金每增加一个单位而增加的成本，边际资金成本为零时，资本结构最佳。（　）

30. 一般来说，在所有资金来源中，普通股的资金成本最高。（　）

三、单项选择题（共40题）

1. 资金成本在企业筹资决策中的作用不包括（　）。

A. 是企业选择资金来源的基本依据

B. 是企业选择筹资方式的参考标准

C. 作为计算净现值指标的折现率使用

D. 是确定最优资本结构的主要参数

2. 按照(　　)权数计算的加权平均资金成本更适用于企业筹措新资金。

A. 账面价值　　B. 市场价值

C. 目标价值　　D. 目前价值

3. 某企业2004年的销售额为1 000万元，变动成本为600万元，固定经营成本为200万元，预计2005年固定成本不变，则2005年的经营杠杆系数为(　　)。

A. 2　　B. 3

C. 4　　D. 无法计算

4. 经营杠杆给企业带来的风险是指(　　)。

A. 成本上升的风险

B. 利润下降的风险

C. 业务量变动导致息税前利润更大变动的风险

D. 业务量变动导致息税前利润同比例变动的风险

5. 财务杠杆说明(　　)。

A. 增加息税前利润对每股利润的影响

B. 企业经营风险的大小

C. 销售收入的增加对每股利润的影响

D. 企业可通过扩大销售量来影响息税前利润

6. 以下关于资本结构的叙述中正确的是(　　)。

A. 保持经济合理的资本结构是企业财务管理的目标之一

B. 资本结构与资本成本没有关系，它指的是企业各种资金的构成及其比例关系

C. 资本结构是指企业各种短期资金来源的数量构成比例

D. 资本结构在企业建立后即不再改变

7. 某公司发行普通股股票600万元，筹资费用率5%，上年股利率14%，预计股利每年增长5%，所得税税率33%。则该普通股成本率为(　　)。

A. 14.74%　　B. 9.87%

C. 20.47%　　D. 14.87%

8. 每股利润无差异点是指两种筹资方案下，普通股每股利润相等时的(　　)。

A. 成本总额　　B. 筹资总额

C. 资本结构　　D. 息税前利润

9. 一般而言，在其他因素不变的情况下，固定成本越高，则(　　)。

A. 经营杠杆系数越小，经营风险越大

B. 经营杠杆系数越大，经营风险越小

C. 经营杠杆系数越小，经营风险越小

D. 经营杠杆系数越大，经营风险越大

10. 下列筹集方式中，资本成本相对最低的是(　　)。

A. 发行股票　　B. 发行债券

C. 长期借款　　D. 留用利润

11. 资本成本很高且财务风险很低的是(　　)。

A. 吸收投资　　B. 发行股票

C. 发行债券　　D. 长期借款

12. 某企业发行为期10年、票面利率为10%的债券1 000万元，发行费用率为3%，适用的所得税税率为33%，该债券的资本成本为(　　)。

A. 0.069　　B. 0.096

C. 0.785　　D. 0.768

13. 普通股的每股价格为10.50元，筹集费用为每股0.50元，第1年支付股利1.50元/股，股利增长率为5%，则该普通股成本最接近于(　　)。

A. 10.5%　　B. 15%

C. 19%　　D. 20%

14. 某公司拟发行优先股100万元，每股利率为10%，预计筹集费用为2万元，该优先股的资本成本为(　　)。

A. 0.120　　B. 0.102

C. 0.230　　D. 0.205

15. 某公司全部资本为10万元，负债比率为10%，借款利率为10%，息税前利润为30万元，则财务杠杆系数接近(　　)。

A. 0.8　　B. 1.2

C. 1.0　　D. 3.1

16. 企业资本结构最佳时，应该(　　)。

A. 资本成本最低　　B. 财务风险最大

C. 经营杠杆系数最大　　D. 债务资本最大

17. 财务杠杆效应是指(　　)。

A. 提高债务比例导致所得税降低

B. 利用现金折扣获取的利益

C. 利用债务筹资给普通股股东带来的额外收益

D. 降低债务比例所节约的利息费用

18. 一般来说，企业的下列资金来源中，资本成本最高的是(　　)。

A. 长期借款　　B. 债券

C. 普通股　　D. 优先股

19. 用无差别点进行资本结构分析时，当预计销售额高于无差别点时，采用(　　)筹资更有利。

A. 普通股　　B. 优先股

C. 留存收益　　D. 长期借款

20. 下列关于经营杠杆系数的说法，正确的是(　　)。

A. 在产销量的相关范围内，提高固定成本总额能够降低企业的经营风险

B. 在相关范围内，产品单位成本降低，经营杠杆系数会增大，经营风险加大

C. 在相关范围内，经营杠杆系数与产销量呈反方向变动

D. 在固定成本不变的情况下，销售额越大，经营杠杆系数越大，经营风险也越大

21. 下列各项中，不影响经营杠杆系数的是(　　)。

A. 产品销售数量　　B. 产品销售价格

C. 固定成本　　D. 利息费用

22. 某公司资金总额为1 000万元，负债总额为400万元，负债利息率为10%，普通股为60万股，所得税税率为33%，息税前利润为150万元，该公司未发行优先股。若息税前利润增长15%，则每股收益的增加额为(　　)。

A. 0.25 元　　B. 0.30 元

C. 0.35 元　　D. 0.28 元

23. 某公司经营杠杆系数为2，财务杠杆系数为1.5，如果目前每股收益为1元，那么若销售额增加一倍，则每股收益将增长为(　　)。

A. 1.5 元/股　　B. 2 元/股

C. 4 元/股　　D. 3.5 元/股

24. 既具有抵税效应，又能带来杠杆利益的筹资方式是(　　)。

A. 发行债券　　B. 发行优先股

C. 发行普通股　　D. 使用内部留存收益

25. 某公司发行普通股股票600万元，筹资费用率5%，上年股利率为12%，预计股利每年增长10%，所得税税率30%，该公司年末留存50万元未分配利润用作发展之需，则该笔留存收益的成本为(　　)。

A. 22%　　B. 23.2%

C. 23.89%　　D. 16.24%

26. 关于总杠杆系数的说法不正确的是(　　)。

A. 能够起到财务杠杆和经营杠杆的综合作用

B. 能够表达企业边际贡献与税前利润的关系

C. 能够估计出销售变动对每股收益造成的影响

D. 总杠杆系数越大，企业经营风险越大

27. 认为负债比率越高，企业价值越大的是(　　)。

A. 净收益理论　　B. 营业收益理论

C. 传统理论　　D. 权衡理论

28. 在最佳资本结构下(　　)。

A. 资本成本最低　　B. 每股收益最高

C. 经营风险最小　　D. 财务风险最低

29. 某公司的经营杠杆系数为2，预计息税前盈余将增长10%，在其他条件不变的情况下，销售量将增长(　　)。

A. 5%　　B. 10%

C. 15%　　D. 200%

30. 在企业不亏损的情况下，固定成本不变，下列表述正确的是(　　)。

A. 经营杠杆系数与经营风险成反比

B. 经营杠杆系数与经营风险成正比

C. 销售额与经营杠杆系数成正比

D. 销售额与经营风险成正比

31. 某公司发行总面额为500万元的10年期债券，票面利率为12%，发行费用率为5%，公司所得税税率为33%。该债券采用溢价发行，发行价格为600万元，该债券的资金成本为(　　)。

A. 8.46%　　B. 7.05%

C. 10.24%　　D. 9.38%

32. 某公司全部资本为120万元，负债比率为40%，负债利率10%，当销售额为100万元时，息税前利润为20万元，则该公司的财务杠杆系数为(　　)。

A. 1.25　　B. 1.32

C. 1.43　　D. 1.56

33. 经营杠杆系数（DOL），财务杠杆系数（DFL）和复合杠杆系数（DCL）之间的关系是(　　)。

A. DCL = DOL+DFL　　B. DCL = DOL-DFL

C. DCL = DOL×DFL　　D. DCL = DOL/DFL

34. 最佳资本结构是指企业在一定时期最适宜其有关条件下的(　　)。

A. 企业价值最大的资本结构

B. 企业目标资本结构

C. 加权平均资金成本最低的目标资本结构

D. 加权平均资金成本最低，企业价值最大的资本结构

35. 在个别资金成本的计算中，不必考虑筹资费用影响因素的是(　　)。

A. 长期借款成本　　　　　　B. 债券成本

C. 留存收益成本　　　　　　D. 普通股成本

36. 企业在追加筹资时，需要计算(　　)。

A. 综合资金成本　　　　　　B. 资金边际成本

C. 个别资金成本　　　　　　D. 变动成本

37. 成本按成本习性可划分为(　　)。

A. 约束性成本和酌量性成本

B. 生产成本、销售费用和管理费用

C. 决策成本和沉没成本

D. 固定成本、变动成本和混合成本

38. 当财务杠杆系数为1时，下列表述正确的是(　　)。

A. 息税前利润增长率为零　　B. 息税前利润为零

C. 利息与优先股股息为零　　D. 固定成本为零

39. 当预计的EBIT高于每股利润无差异点时，运用(　　)筹资较为有利。

A. 负债　　　　　　　　　　B. 权益

C. 负债或权益均可　　　　　D. 无法确定

40. 某企业资本总额为150万元，权益资金占55%，负债利率为12%，当前销售额100万元，息税前盈余为20万元，则财务杠杆系数为(　　)。

A. 2.5　　　　　　　　　　B. 1.68

C. 1.15　　　　　　　　　D. 2.0

四、多项选择题（共25题）

1. 下列资本结构观点中，属于早期资本结构理论的是(　　)。

A. 净收益观　　　　　　　　B. 净营业收益观

C. 代理成本理论　　　　　　D. 传统折中观

2. 在计算个别资金成本时，需要考虑所得税影响的有(　　)。

A. 债券成本　　　　　　　　B. 银行借款成本

C. 普通股成本　　　　　　　D. 优先股成本

3. 总杠杆的作用在于(　　)。

A. 用来估计销售变动时息税前利润的影响

B. 用来估计销售量变动对每股盈余造成的影响

C. 揭示经营杠杆与财务杠杆之间的相互关系

D. 揭示企业面临的风险对企业投资的影响

4. 加权平均资本成本的权数，可有以下几种选择(　　)。

A. 票面价值　　　　　　　　B. 账面价值

C. 市场价值　　　　　　　　D. 目标价值

5. 关于财务杠杆系数的表述，正确的有(　　)。

A. 财务杠杆系数是由企业资本结构决定，债务资本比率越高，财务杠杆系数越大

B. 财务杠杆系数反映财务风险，即财务杠杆系数越大，财务风险也就越大

C. 财务杠杆系数可以反映息税前盈余随着每股盈余的变动而变动的幅度

D. 财务杠杆系数可以反映息税前盈余随着销售的变动而变动的幅度

6. 利用每股盈余无差别点进行企业资本结构分析时，(　　)。

A. 当预计销售额高于每股盈余无差别点时，权益筹资比负债筹资有利

B. 当预计销售额高于每股盈余无差别点时，负债筹资比权益筹资有利

C. 当预计销售额低于每股盈余无差别点时，权益筹资比负债筹资有利

D. 当预计销售额等于每股盈余无差别点时，两种筹资方式的报酬率相同

7. 下列关于经营杠杆系数表述正确的是(　　)。

A. 在固定成本不变的情况下，经营杠杆系数说明销售量变动所引起的息税前利润变动的幅度

B. 在固定成本不变的情况下，销售量越大，经营杠杆系数越大，经营风险越小

C. 当销售量达到盈亏临界点时，经营杠杆系数趋近于无穷大

D. 企业一般可以通过增加销售金额、降低产品单位变动成本、降

低固定成本比重等措施使经营风险降低

8. 最佳资本结构的判断标准是(　　)。

A. 企业价值最大　　B. 资本规模最大

C. 加权平均资本成本最低　　D. 筹资风险最小

9. 在事先确定企业资本规模的前提下，吸收一定比例的负债资本，可能产生的结果有(　　)。

A. 降低企业资本成本　　B. 降低企业财务风险

C. 加大企业财务风险　　D. 提高企业经营能力

10. 一般情况下，企业降低经营风险的途径有(　　)。

A. 增加销售量　　B. 增加自有资本

C. 降低变动成本　　D. 增加固定成本比例

11. 根据财务杠杆作用原理，使普通股每股收益增加的基本途径有(　　)。

A. 在企业资本结构一定的条件下，增加息税前利润

B. 在企业固定成本总额一定的条件下，增加企业销售收入

C. 在企业息税前利润不变的条件下，调整企业的资本结构

D. 在企业销售收入不变的条件下，调整企业固定成本总额

12. 以下各种资本结构理论中，认为企业价值与资本结构相关的是(　　)。

A. 净收益理论　　B. 营业收益理论

C. 传统理论　　D. 权衡理论

13. 假定企业的成本—销量—利润保持线性关系，可变成本在销售收入中所占的比例不变，固定成本也保持稳定，则关于经营杠杆系数的说法不正确的是(　　)。

A. 边际贡献越大，经营杠杆系数越小

B. 边际贡献越大，经营杠杆系数越大

C. 销售额越小，经营杠杆系数越小

D. 销售额越大，经营杠杆系数越小

14. 债券资本成本一般包括(　　)。

A. 债券利息　　B. 发行印刷费

C. 发行注册费　　D. 上市费以及推销费用

15. 下列关于资本结构理论的说法正确的是(　　)。

A. 传统折衷理论认为企业的综合资金成本处在由下降变为上升的转折点上时，资本结构最优

B. 平衡理论认为最优资本结构是由股权代理成本和债权代理成本之间的平衡关系决定的

C. 代理理论认为当边际税额庇护利益等于边际财务危机成本时，资本结构最优

D. 等级筹资理论认为，如果企业需要外部筹资，则偏好债务筹资

16. 下列关于资本成本的说法中，正确的是(　　)。

A. 资本成本的本质是企业为筹集和使用资金而实际付出的代价

B. 资本成本并不是企业筹资决策中所要考虑的唯一因素

C. 资本成本的计算主要以年度的相对比率为计量单位

D. 资本成本可以视为项目投资或使用资金的机会成本

17. 下列有关杠杆的表述正确的有(　　)。

A. 经营杠杆表明销量变动对息税前利润变动的影响

B. 财务杠杆表明息税前利润变动对每股利润的影响

C. 复合杠杆表明销量变动对每股利润的影响

D. 经营杠杆系数、财务杠杆系数以及复合杠杆系数恒大于1

18. 企业最佳资本结构的确定方法包括(　　)。

A. 因素分析法　　B. 每股利润无差别点法

C. 比较资金成本法　　D. 公司价值分析法

19. 下列有关资本结构的表述正确的有(　　)。

A. 企业资本结构应同资产结构相适应

B. 资本结构变动不会引起资金总额的变动

C. 资本成本是市场经济条件下，资金所有权与使用权相分离的产物

D. 因素分析法是一种定性分析法

20. 在其他因素不变的情况下，固定成本越高，则(　　)。

A. 经营杠杆系数越小　　B. 经营风险越大

C. 经营杠杆系数越大　　D. 经营风险越小

21. 在下列个别资金成本中，(　　)属于负债资金成本。

A. 债券成本　　B. 优先股成本
C. 留存收益成本　　D. 银行借款成本

22. 下列说法中，正确的是(　　)。
A. 在固定成本不变的情况下，经营杠杆系数说明销售额增长（减少）所引起的利润增长（减少）的程度
B. 当销售额达到盈亏临界点时，经营杠杆系数趋近于无穷大
C. 财务杠杆表明债务对投资者收益的影响
D. 财务杠杆系数表明息税前盈余增长所引起的每股盈余的增长幅度

23. 下列项目中，属于资金成本中筹资费用内容的是(　　)。
A. 借款手续费　　B. 债券发行费
C. 债券利息　　D. 股利

24. 综合资本成本是由(　　)两个因素决定的。
A. 个别资本成本　　B. 边际资本成本
C. 各种资金所占投资的比重　　D. 加权资本成本

25. 最优资本结构满足(　　)。
A. 企业价值最大化　　B. 综合资金成本最低
C. 自有资金成本最低　　D. 加权平均资金成本最低

五、简答题（共10题）

1. MM理论的基本观点有哪些？
2. 研究资本结构的意义有哪些？
3. 企业资本结构的影响因素有哪些？
4. 影响经营杠杆系数和财务杠杆系数的因素有哪些？
5. 什么是加权平均资本成本？各种资本的权数有哪些确定方法？各有何优缺点？
6. 资本成本对企业的财务管理有何作用？
7. 试说明资本成本比较法的基本原理和计算步骤。
8. 资本成本构成的内容有哪些？
9. 简述资本结构调整的原因。
10. 资本结构调整的方式有哪些？

六、计算题（共10题）

1. 某企业发行普通股800万元，发行价为8元/股，筹资费率为6%，第1年预期股利为0.8元/股，以后各年均增长2%；该公司股票的β系数等于1.2，无风险利率为8%，市场上所有股票的平均收益率为12%，风险溢价为4%。

要求：根据上述资料使用股利折现模型、资本资产定价模型以及无风险利率加风险溢价法分别计算普通股的资金成本。

2. 某公司年销售额280万元，息税前利润80万元，固定成本为32万元，变动成本率为60%，全部资本200万元，负债比率为45%，负债利率12%，分别计算该企业的经营杠杆系数、财务杠杆系数和复合杠杆系数。

3. 某企业2×10年资产总额为1 000万元，资产负债率为40%，负债平均利息率为5%，实现的销售收入为1 000万元，全部的固定成本和费用为220万元，变动成本率为30%，若预计2×11年的销售收入提高50%，其他条件不变。

要求：（1）试计算该企业的DOL、DFL、DCL。

（2）预计2×11年的每股利润增长率。

4. 某公司目前拥有资金2 000万元，其中，长期借款800万元，年利率10%；普通股1 200万元，去年支付的每股股利2元，预计股利增长率为5%，发行价格20元，目前价格也为20元，该公司筹集资金100万元，企业所得税率为33%，有两种筹资方案：

方案1：增加长期借款100万元，借款利率上升到12%，假设公司其他条件不变。

方案2：增发普通股40 000股，普通股市价增加到每股25元。

要求：（1）计算该公司筹资前加权平均资金成本。

（2）用比较资金成本法确定该公司的最佳资本结构。

5. 某公司现有资本总额1 000万元，全部为普通股股本，流通在外的普通股股数为20万股。为扩大经营规模，公司拟筹资500万元，现有两个方案可供选择：

A方案：以每股市价50元的价格，发行普通股股票。

B方案：发行利率为9%的公司债券。

要求：（1）计算 A、B 两个方案的每股收益无差别点（假设所得税税率为 33%）。

（2）假设公司息税前利润为 200 万元，试确定公司应选用的筹资方案。

6. MC 公司 2×12 年年初的负债及所有者权益总额为 9 000 万元，其中，公司债券为 1 000 万元（按面值发行，票面年利率为 8%，每年年末付息，3 年后到期）；普通股股本为 4 000 万元（每股面值为 1 元，共 4 000 万股）；资本公积为 2 000 万元；其余为留存收益。2×12 年该公司为扩大生产规模，需要再筹集 1 000 万元资金，有以下两种筹资方案可供选择：

方案一：增发普通股 200 万股，预计每股发行价格为 5 元。

方案二：增发 1 000 万元的同类公司债券（按面值发行），票面年利率为 8%。

预计 2×12 年可实现息税前利润 2 000 万元，适用的企业所得税税率为 33%。

要求：（1）计算方案一中的下列指标：

①计算 2×12 年增发普通股的数量。

②计算 2×12 年全年债券的利息。

（2）计算方案二中的 2×12 年全年债券利息。

（3）计算每股利润的无差异点，并据此进行筹资决策。

7. 某投资项目资金来源情况如下：①银行借款 300 万元，年利率为 4%，手续费为 4 万元。②发行债券 500 万元，债券面值为 100 元，发行价为 102 元，年利率为 6%，发行手续费率为 2%。③发行优先股 200 万元，年利率为 10%，发行手续费率为 4%。④普通股 600 万元，每股面值 10 元，每股市价 15 元，每股股利为 2. 40 元，以后每年增长 5%，手续费率为 4%。⑤企业留用利润 400 万元。

该投资项目的计划年投资收益为 248 万元，企业所得税税率为 33%。企业是否应该筹措资金投资该项目？

8. 某公司 2×14 年年末资金来源情况如下：①债券 400 万元，年利率 8%。②优先股 200 万元，年股利率 12%。③普通股 50 万股，每股面值 20 元，每股股利 3 元，并且每年增长 6%。公司计划 22×15 年增资 400 万元，其中：①债券 200 万元，年利率 10%；②普通股 200 万元，发行后每股市价为 25 元，每股股利为 3.20 元，每年增长 6%。手续费忽略不计，企业所得税税率为 30%。

要求：计算增资前后的资金加权平均成本，并说明财务状况是否有所改善。

9. 某公司原有资本 1 000 万元，其中债务资本 400 万元（每年负担利息 30 万元），普通股资本 600 万元（发行普通股 12 万股，每股面值 50 元），企业所得税税率为 30%。由于扩大业务，需追加筹资 300 万元，其筹资方式有三个：

一是全部发行普通股：增发 6 万股，每股面值 50 元。

二是全部按面值发行债券：债券利率为 10%。

三是发行优先股 300 万元，股息率为 12%。

要求：(1) 分别计算普通股筹资与债券筹资，以及普通股筹资与优先股筹资每股利润无差别点的息税前利润。

(2) 假设扩大业务后的息税前利润为 300 万元，确定公司应当采用哪种筹资方式（不考虑风险）最为合理?

10. 某公司目前的资本来源包括每股面值 1 元的普通股 800 万股和平均利率为 10% 的 3 000 万元债务。该公司现在拟投产一种新产品，该项目需要投资 4 000 万元，预期投产后每年可增加营业利润（息税前利润）400 万元。该项目备选的筹资方案有三个：

方案 1：按 11% 的利率发行债券。

方案 2：按面值发行利率为 12% 的优先股。

方案 3：按 20 元/股的价格增发普通股。

该公司目前的息税前盈余为 1 600 万元，公司适用的所得税税率为 40%，证券发行费可忽略不计。

要求：(1) 计算按不同方案筹资后的普通股每股收益。

(2) 计算增发普通股和债券筹资的每股（指普通股，下同）利润无差别点，以及增发普通股和优先股筹资的每股利润无差别点。

(3) 分别计算筹资前的财务杠杆和按三个方案筹资后的财务杠杆。

(4) 根据以上计算结果分析，该公司应当选择哪一种筹资方式? 理由是什么?

5.6 推荐资源

1. 资本结构理论是现代财务学的基础，想对国内外资本结构理论有进一步了解的读者可以参阅：

[1] 曹志广，杨军敏．国外资本结构理论研究述评［J］．首都经济贸易大学学报，2007（1）．

[2] 郭春丽．西方资本结构理论演变及其启示［J］．山西财经大学学报，2005（3）．

[3] 张慧．资本结构理论后续发展回顾与启示［J］．上海立信会计学院学报，2009（4）．

[4] 徐春立，任伟莲．我国资本成本理论研究的现状及其未来展望当代财经［J］．2009（3）．

[5] 田映华，刘江帆．中国上市公司资本成本和资本结构实证分析［J］．华中科技大学学报（自然科学版），2003（1）．

2. 最优资本结构决策问题在财务学中被称为"资本结构之谜"，对这一问题感兴趣的读者可以参阅：

[1] 谢光喜．最佳资本结构决策模型的扩展研究［J］．商业研究，2005（8）．

[2] 刘世云．论资本结构决策中的 EBIT——EPS 分析法［J］．财会通讯，2010（17）．

[3] 孙雪梅．上市公司资本结构决策方法新探——兼论财务杠杆系数为 0 或∞的情况下，资本结构变化对投资者收益的影响［J］．商业研究，1998（7）．

[4] 姜付秀，黄继承．CEO 财务经历与资本结构决策［J］．会计研究，2013（5）．

3. 资本成本是影响资本结构的一个重要因素，有关资本成本的研究可参阅：

[1] 宋琳，涂罡．资本成本、融资结构与我国企业融资偏好分析［J］．南京经济学院学报，2003（3）．

[2] 龚凯颂．企业资本成本理论探讨［J］．财会通讯，2004（1）．

[3] 邹颖，汪平．资本成本：概念的演进、困惑与思考［J］．经

济与管理研究，2011（11）.

［4］田彩英.资本成本估算研究的新进展：国外文献综述［J］.经济与管理评论，2013（2）.

4. 财务杠杆是财务管理中一个比较有特点的现象，有兴趣的读者可以参阅：

［1］王京.财务杠杆正效应分析［J］.财会月刊，2013（5）.

［2］辜剑.中小企业经营管理中财务杠杆的运用研究［J］.会计之友，2013（10）.

［3］张占军，刘文广.财务杠杆在房地产业的应用［J］.内蒙古财经大学学报，2013（1）.

5.7 课外阅读书目

［1］莫迪利亚尼 F. 莫迪利亚尼文萃［M］.林少宫，黄剑平，译.北京：首都经济贸易大学出版社，2001.

［2］沈艺峰.资本结构理论史［M］.北京：经济科学出版社，1999.

5.8 用 Excel 解决本章问题

1. 相关函数 IF（ ）

用途：执行逻辑判断，它可以根据逻辑表达式的真假，返回不同的结果，从而执行数值或公式的条件检测任务。

函数表达式："=IF（A，B，C）"，意思是"如果 A，那么 B，否则 C"。

如"=IF（A1<60，"不及格"，"及格"）"，意思是"如果 A1<60，那么'不及格'，否则'及格'"。

2. 用 Excel 利用每股收益无差别法进行资本结构决策

【例 5-1】某公司筹资新资金 300 万元以扩大生产规模，筹集新资金的方式可用增发普通股或长期借款的方式，现有 A、B 两个筹资方案，具体资料如图 5-3 所示。企业现有资本 1 000 万元，其中债务 400 万元，股东权益 600 万元，所得税税率为 25%。

请采用每股收益无差别点法分析企业选择何种筹资方式最合理。

	A	B	C	D	E	F	G	H	I
1	已知条件								
2	现有资本结构				追加筹资方案				
3	股东权益(万元)	600	普通股份数(万股)	60	方案A				
4	债务(万元)	400	债务利率	8%	股票筹资额(万元)	300	新增股份数(万股)	40	
5	现有资本(万元)	1 000			方案B				
6	所得税税率	25%			债务筹资额(万元)	300	新增债务利率	10%	
7									

图 5-3　A、B 两方案资料

运用 Excel 解决此问题的具体操作步骤如下：

（1）计算方案 A 在不同息税前利润下的每股收益。在单元格 B11 中输入公式“=（B10-＄B＄4＊＄D＄4）＊（1-＄B＄6）/（＄D＄3+＄H＄4）”，并将单元格 B11 向右复制到单元格 I11。

（2）计算方案 B 在不同息税前利润下的每股收益。在单元格 B12 中输入公式“=（B10-＄B＄4＊＄D＄4-＄F＄6＊＄H＄6）＊（1-＄B＄6）/＄D＄3”，并将单元格 B12 向右复制到单元格 I12。

（3）选取不同息税前利润对应的最优筹资方案。在单元格 B13 中输入公式“=IF（B11>B12，“方案 A”，“方案 B”）”，并将单元格 B13 向右复制到单元格 I13。

（4）计算两方案的每股收益之差，并将其作为目标函数。在单元格 D15 中输入公式“=（D16-B4＊D4）＊（1-B6）/（D3+H4）-（D16-B4＊D4-F6＊H6）＊（1-B6）/D3”。

（5）计算两方案的每股收益无差别点。在工具菜单中选择单变量求解，系统弹出单变量求解对话框，在目标单元格中输入“D15”，在目标值中输入“0”，在可变单元格中输入“D16”，单击确定。

（6）计算两方案无差别点的每股收益：在单元格 D17 中输入公式“=（D16-B4＊D4）＊（1-B6）/（D3+H4）”。

（7）画出每股收益与息税前利润的关系图。单击工具栏上的“图表向导”按钮，选取“XY 散点图”，按说明进行操作，即可给出图形。

具体结果如图 5-4 所示[①]。

	A	B	C	D	E	F	G	H	I
1	已知条件								
2	现有资本结构				追加筹资方案				
3	股东权益(万元)	600	普通股份数(万股)	60	方案A				
4	债务(万元)	400	债务利率	8%	股票筹资额(万元)	300	新增股份数(万股)	40	
5	现有资本(万元)	1 000			方案B				
6	所得税税率	25%			债务筹资额(万元)	300	新增债务利率	10%	
7									
8									
9	计算过程								
10	预计息税前利润(万元)	40	60	80	100	120	140	160	180
11	方案A每股利润(元/股)	0.06	0.21	0.36	0.51	0.66	0.81	0.96	1.11
12	方案B每股利润(元/股)	-0.28	-0.03	0.23	0.48	0.73	0.98	1.23	1.48
13	最优筹资方案	方案A	方案A	方案A	方案A	方案B	方案B	方案B	方案B
14									
15	目标函数:方案A每股利润-方案B每股利润			-0.03					
16	无差别点的息税前利润(万元)			112					
17	无差别点的每股利润(元/股)			0.60					

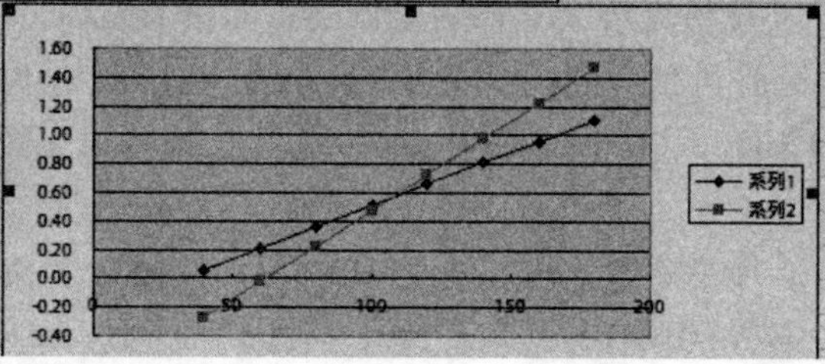

图 5-4　计算结果图

① 图 5-4 中，第 10 行的预计息税前利润是人为设定的数值，按照 20 万元递增。

第 6 章　项目投资决策

6.1　本章框架

通过本章的学习，要求掌握：项目计算期的构成和资金投入方式；项目现金流量的概念和构成；现金流量的估算；净现金流量的含义、简算公式和计算方法；净现值、净现值率、内部收益率和获利指数的含义、计算和应用；投资回收期和投资利润率的含义、计算和应用；折现指标之间的关系；项目投资决策指标的运用。

本章基本架构图如图 6-1 所示。

- 认识项目投资
  - 项目投资的概念
  - 项目投资的内容
  - 项目投资的财务决策过程
  - 项目投资评估原理
- 投资项目的现金流量估计
  - 现金流量的概念与类型
    - 现金流量的概念
    - 现金流量的类型
  - 估计现金流量要注意的问题
  - 现金流量的估计
- 项目投资决策的财务评价方法
  - 非贴现法
    - 会计收益率法
    - 投资回收期法
  - 贴现法
    - 净现值法
    - 现值指数法
    - 内含报酬率法
- 无风险项目投资决策实务
  - 无风险项目投资决策应注意的问题
  - 新建固定资产投资决策
  - 固定资产更新决策
- 风险性项目投资决策实务
  - 风险调整折现率法
  - 调整现金流量法
    - 肯定当量法
    - 概率法

图 6-1　本章基本架构图

6.2 内容提要

1. 现金流量

现金流量是现代理财学中的一个重要概念，是指企业在一定会计期间按照现金收付实现制，通过一定经济活动（包括经营活动、投资活动、筹资活动和非经常性项目）而产生的现金流入、现金流出及其总量情况的总称，即企业一定时期的现金和现金等价物的流入和流出的数量。

现金流入量包括：营业收入，回收固定资产余值，回收流动资金和其他现金流入量；现金流出量包括：建设投资，流动资金投资，经营成本，各项税款和其他现金流出。

2. 固定资产原值

固定资产原值=固定资产投资+固定资产投资方向调节税+建设期资本化利息

3. 净现金流量

建设期净现金流量=-原始投资额

经营期某年净现金流量=该年利润+该年折旧+该年摊销额+该年利息费用+该年回收额

4. 非折现评价指标

非折现评价指标包括投资利润率和静态投资回收期。折现评价指标包括净现值、净现值率、获利指数、内部收益率和动态投资回收期。

5. 单个独立投资项目的财务可行性评价

企业可以利用净现值、净现值率、获利指数和内部收益率对单个独立投资项目的财务可行性进行评价。

6. 多个互斥方案的比较与选取

（1）项目寿命相等的投资决策，采用净现值法。

（2）项目寿命不相等的投资决策，采用最小公倍寿命法或年均净现值法。

7. 多个方案组合的决策

对于多个方案组合排队的投资决策，在资金总量受到限制时，则需按照净现值率或者获利指数的大小排队，从中选择使得净现值之和最大的最优组合。

8. **无形资产投资决策**

无形资产投资决策是指对预计使用年限较长、并不存在实物形态的有关长期资产所进行的投资决策。

无形资产投资由于投资的形式多、投资期及取得超额收益的时间很难准确预测、所增加的超额收益额也存在不确定性等原因导致企业对无形资产投资的决策很复杂。

6.3 重点与难点解析

1. **企业项目投资常用的财务评价指标之间的关系**

尽管企业项目投资财务评价指标在形式上不相同，但相互之间却有着非常紧密的联系。各种财务评价指标之间的联系可以用如图 6-2 所示的方法来简单描述。

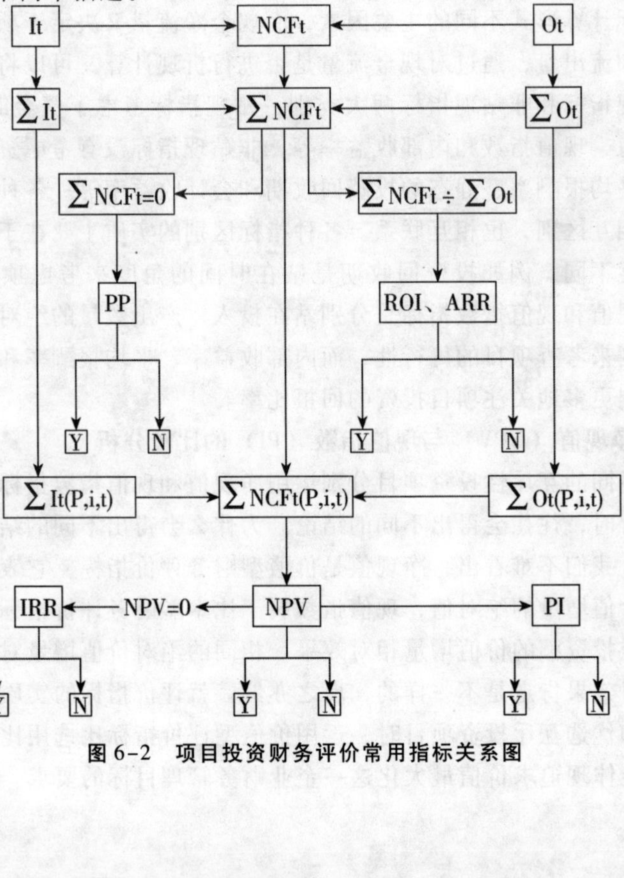

图 6-2　项目投资财务评价常用指标关系图

其中：It——第 t 年项目投资的现金流入量

Ot——第 t 年项目投资的现金流出量

NCFt——第 t 年项目投资的现金净流量

NPV——某项目投资的净现值

PI——某项目投资的现值指数

IRR——某项目投资的内部收益率

PP——某项目投资的静态投资回收期

ROI——某项目投资的平均报酬率

ARR——某项目投资的会计收益率

Y——某项目投资方案具有财务评价的可行性

N——某项目投资方案不具有财务评价的可行性

从上述指标的概念表述中，我们不难看出，现金净流量是决定财务评价指标计算形式不同的主要因素，而现金净流量又决定于项目的现金流入量和流出量，通过对现金流量是否进行折现计算又可以将评价指标分成贴现指标和非贴现指标两大类别，贴现指标考虑了资金时间价值，如净现值、现值指数和内部收益率等，非贴现指标没有考虑资金时间价值，如平均报酬率、静态的投资回收期和会计收益率等。各种财务评价指标既相互区别，也相互联系。各种指标区别的实质主要在于考核和评价的角度不同，例如投资回收期是站在时间的角度来考虑项目的可行性，净现值和现值指数指标是分别站在投入、产出数量的绝对值和相对值的角度来考查项目的可行性，而内部收益率、平均报酬率和会计收益率指标则更多地关注项目投资的回报比率。

2. 净现值（NPV）与现值指数（PI）的比较分析

对不同的互斥性投资项目分别运用净现值和现值指数指标进行经济效益评价时，往往会得出不同的结论。为什么会得出不同的结论呢？究其原因，我们不难看出，净现值是价值型财务评价指标，它表达的是投资项目价值增量的绝对值，现值指数属于比率型财务评价指标，它表达的是单位投资额的价值增量相对效果。相同的绝对价值增量对不同的投资额相对效果肯定是不一样的，反之亦然。就评价指标的实质而言，评价分析和优选互斥投资项目时，运用价值型评价指标比选用比率型评价指标更能体现追求价值最大化这一企业财务管理目标的要求。初始投资额、净现值、现值指数三者存在相互依存的关系，这种内在的依存关系在互斥性项目和非互斥性项目中的表现不尽相同（如图 6-3 所示），评价分析项目时，要综合考虑初始投资额、折现率等指标变化对净现值和现值指数所造成的不同影响。

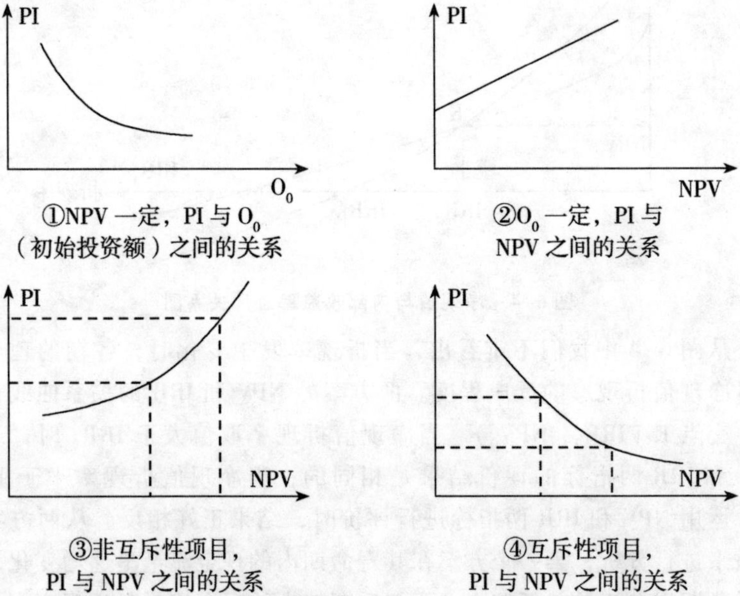

图 6-3 互斥性项目和非互斥性项目表现图

3. 净现值（NPV）和内部收益率（IRR）的比较分析

净现值和现值指数两个指标的计算虽然都考虑了资金时间价值，但没有揭示项目本身可以达到的具体报酬率。在评价互斥项目时，运用净现值指标和内部收益率指标往往也会在结果上产生差异。这种情况是如何产生的呢？我们可以从两指标的计算公式中找到答案，无论净现值还是内部收益率，计算时都要对各项目不同时期的现金流量进行折现，当不同项目寿命期内各年的现金流量固定不变或呈同方向规则变化时，运用净现值和内部收益率的评价结果应该是相同的，而当不同项目寿命期内各年的现金流量呈不同方向或不规则变化时运用净现值和内部收益率的评价结果往往存在差异。假定存在两个互斥项目，第一个方案的现金流量前后各期变化较大，而且是前期现金流量小，后期现金流量大；第二个方案与第一个方案正好相反，前期现金流量大，后期现金流量小，两项目净现值和内部收益率之间的关系如图 6-4 所示。

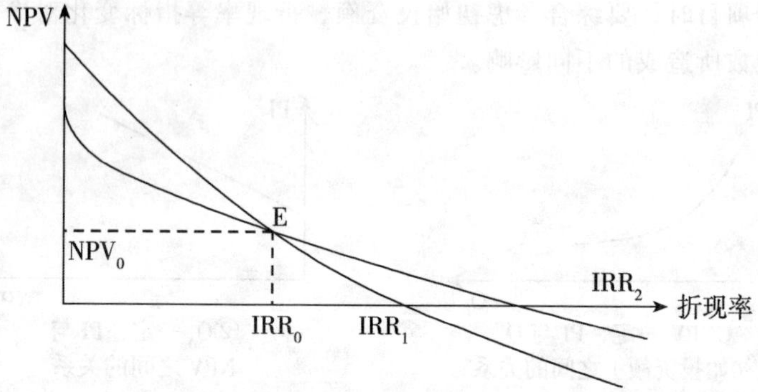

图 6-4　净现值与内部收益率互斥关系图

从图 6-4 中我们不难看出，当折现率发生变化时，各期的现金流量对净现值折现率的反应程度。两方案的 NPV 和 IRR 的关系曲线存在一个交点 E（IRR_0，NPV_0）。当净现值折现率取值大于 IRR_0 时，运用 NPV 和 IRR 两指标的评价结果是相同的；当净现值折现率小于 IRR_0 时，运用 NPV 和 IRR 两指标进行评价时，结果正好相反。从两方案的实质来进行分析，第一个方案在其寿命期内的现金流量呈递增变化，且前后各期现金流量差额较大，可知后期较大的现金流量对折现率变化的敏感性程度较高，采用较高的折现率，对后期较大的现金流量的折现值影响较大，反映在图像中表示的该方案净现值曲线随折现率变化时的斜率较大。第二个方案的现金流量呈递减变化，后期较小的现金流量对折现率变化的敏感性程度较低，在图像中表示的净现值曲线随折现率变化时的斜率较小。

6.4　本章主要公式

1. 项目计算期的构成

项目计算期是指投资项目从投资建设开始到最终清理结束整个过程的全部时间，包括建设期和生产经营期。建设期的第 1 年初称为建设起点，建设期的最后一年年末称为投产日，项目计算期的最后一年年末称为终结点。投产日与终结点之间的时间间隔为生产经营期。生产经营期包括试产期和达产期两个阶段。试产期是指项目投入生产，但生产能力尚未达到设计能力时的过渡阶段。达产期是指生产运营达到设计预期水平后的时间。项目计算期、建设期、生产经营期之间的关系为：

项目计算期=建设期+生产经营期

2. 投资回收期的计算方法

投资回收期的计算方法，因投资项目每年现金净流量是否相等而有所不同。

（1）当项目的每年现金净流量相等时，则可用下式计算：

$$投资回收期=\frac{原始投资额}{每年的现金净流量}$$

（2）当项目的每年现金净流量不相等时，要根据每年年末尚未回收的投资额加以确定。其计算公式如下：

$$投资回收期=M+\frac{第\ M\ 年的尚未回收额}{第\ M+1\ 年的现金净流量}$$

其中：M——收回原始投资额的前一年

3. 平均报酬率

计算平均报酬率有多种方法，其中最常见的计算公式为：

$$平均报酬率=\frac{平均现金净流量}{原始投资额}\times 100\%$$

4. 净现值

净现值的计算公式如下：

$$NPV=\left[\frac{NCF_1}{(1+k)^1}+\frac{NCF_2}{(1+k)^2}+\frac{NCF_3}{(1+k)^3}+\cdots+\frac{NCF_n}{(1+k)^n}\right]-C$$

其中：NPV——净现值

NCF_n——第 n 年的净现金流量

k——贴现率（资本成本或企业要求的报酬率）

n——项目预计使用年限

C——原始投资额

5. 获利指数

获利指数的计算公式为：

$$PI=\left[\frac{NCF_1}{(1+k)^1}+\frac{NCF_2}{(1+k)^2}+\frac{NCF_3}{(1+k)^3}+\cdots+\frac{NCF_n}{(1+k)^n}\right]/C$$

$$PI=\frac{未来报酬的总现值}{初始投资的现值}$$

6. 内含报酬率

内含报酬率的计算公式为：

$$\left[\frac{NCF_1}{(1+IRR)^1}+\frac{NCF_2}{(1+IRR)^2}+\frac{NCF_3}{(1+IRR)^3}+\cdots+\frac{NCF_n}{(1+IRR)^n}\right]-C=0\text{ 时的 IRR 值}$$

内含报酬率的计算方法，因每期现金净流量是否相等而有所不同，现分述如下：

（1）每期的现金净流量相等时，可按如下步骤进行计算（年金法）：

第一步，计算年金现值系数，年金现值系数=原始投资额/每期相等的现金净流量。

第二步，根据年金现值系数，查 n 年的年金现值系数表，如果恰好 n 年年金现值系数表上能找到计算所需的年金现值系数，则该系数对应的折现率为所求的内含报酬率。

第三步，如果 n 年年金现值系数表上不能找到计算的年金现值系数，那么利用系数表上同期略大于或略小于该数值的两个临界值及其对应的折现率，用内插法计算近似的内含报酬率。

（2）每期的现金净流量不相等时，可按如下步骤进行计算（逐步测试法，该方法即通过计算项目不同设定折现率的现值，最终使所选用的折现率逼近项目的内含报酬率）：

第一步，设定一个折现率 i_1，计算项目的净现值 NPV_1 并进行判断。当 $NPV_1=0$ 时，$IRR=i$，计算结束；当 $NPV_1>0$ 时，说明估计的贴现率小于方案的内含报酬率，应提高估计的贴现率，再行测试；当 $NPV_1<0$ 时，说明估计的贴现率大于方案的内含报酬率，应先降低估计的贴现率再行测试。经过逐次测试，最终找出由正到负的两个邻近的贴现率。

第二步，根据上述两个邻近的贴现率采用内插法，计算出该方案的内含报酬率。

7. 期望值决策法（又称概率决策法）

（1）运用期望值决策法，首先要计算投资项目的期望现金流量，即现金流量的期望值。其计算公式如下：

$$E(NCF_t) = \sum_{t=1}^{n} p_i NCF_i$$

其中：$E(NCF_t)$ ——第 t 年的期望现金流

n——第 t 年可能出现 n 种情况

p_i——第 i 种情况出现的概率

NCF_t——t 年第 i 种情况出现时的现金流量

(2) 利用项目期望现金流量计算项目的期望净现值，以表明其收益水平。此方法认为风险已经体现在现金流量上，在选择折现率时不用考虑风险因素，所以计算期望净现值所用的折现率是无风险报酬率。

(3) 计算现金流量的标准离差和变化系数（标准离差率），表明投资项目的风险程度。投资项目现金流量标准离差的计算公式为：

$$\delta = \sqrt{\sum_{t=1}^{n} \left[\frac{\delta_t}{(1+r_f)^t}\right]^2}$$

其中：δ_t——每年现金流量标准离差

计算公式为：

$$\delta_t = \sqrt{\sum_{i=1}^{n} p_i [NCF_i - E(NCF_t)]^2}$$

变化系数，即为标准离差率，是投资项目现金流量的离散程度，是标准离差与期望值之比，即单位预期值所承担的标准离差。其计算公式为：

$$VD = \frac{\delta}{E}$$

6.5 章节自测习题

一、单项选择题（共 10 题）

1. 在互斥投资决策中，如果选择了某一投资项目，就会放弃其他投资项目，其他投资机会可能取得的收益就是本项目的(　　)。

A. 未来成本　　B. 机会成本

C. 差额成本　　D. 无关成本

2. 计算投资方案的增量现金流量时，需考虑的项目是(　　)。

A. 沉没成本　　B. 原始成本

C. 变现价值　　D. 账面价值

3. 某投资项目贴现率为 10% 时，净现值为 200 万元，贴现率为 12% 时，净现值为 320 万元，则该项目的内含报酬率是(　　)。

A. 10. 38%　　　　B. 12. 52%

C. 10. 77%　　　　D. 12. 26%

4. 某企业拥有一块土地，其原始成本为 250 万元，账面价值为 180 万元。现准备在这块土地上建造工厂厂房，但如果现在将这块土地出售，可获得收入 220 万元，则建造厂房的机会成本是(　　)。

A. 250 万元　　　　B. 70 万元

C. 180 万元　　　　D. 220 万元

5. 在用动态指标对投资项目进行评价时，如果其他因素不变，只有贴现率提高，则下列指标计算结果不会改变的是(　　)。

A 净现值　　　　B. 投资回收期

C. 内含报酬率　　　　D. 现值指数

6. 采用风险调整贴现率法进行投资项目风险分析，需要调整的项目是(　　)。

A. 有风险的贴现率　　　　B. 无风险的贴现率

C. 有风险的现金净流量　　　　D. 无风险的现金净流量

7. 折旧具有抵减税负的作用，由于计提折旧而减少的所得税额可用(　　)计算。

A. 折旧额×所得税税率

B. （付现成本+折旧额）×所得税税率

C. 折旧额×（1-所得税税率）

D. （付现成本+折旧额）×（1-所得税税率）

8. 内含报酬率是一种能使投资方案的净现值(　　)的贴现率。

A. 大于零　　　　B. 等于零

C. 小于零　　　　D. 大于等于零

9. 某公司拟新建一车间生产受市场欢迎的甲产品，据预测甲产品投产后每年可创造 100 万元的收入，但公司原来生产的 A 产品会因此受到影响，使其年收入由原来的 200 万元降低到 180 万元。则与新建车间相关的新建流量为(　　)万元。

A. 100　　　　B. 80

C. 20　　　　　　　　　　D. 120

10. 若某投资项目的风险斜率为0.2，无风险报酬率为5%，投资报酬率为14%，则该投资项目的风险程度为(　　)。

A. 0.45　　　　　　　　　B. 0.1

C. 0.2　　　　　　　　　　D. 0.7

二、多项选择题（共10题）

1. 现金流出是指由投资项目所引起的企业现金支出的增加额，包括(　　)。

A. 建设投资　　　　　　　B. 付现成本

C. 年折旧额　　　　　　　D. 所得税

2. 项目投资主要包括(　　)。

A. 单纯固定资产投资　　　B. 股票投资

C. 更新改造项目投资　　　D. 完整工业投资项目

3. 项目投资决策分析使用的贴现指标主要包括(　　)。

A. 会计收益率　　　　　　B. 投资回收期

C. 净现值　　　　　　　　D. 内含报酬率

4. 下列因素中影响内含报酬率的有(　　)。

A. 现金净流量　　　　　　B. 贴现率

C. 项目投资使用年限　　　D. 投资总额

5. 在考虑了所得税因素之后，经营期的现金净流量可按下列(　　)公式计算。

A. 年现金净流量=营业收入-付现成本-所得税

B. 年现金净流量=税后利润-折旧额

C. 年现金净流量=税后收入-税后付现成本+折旧额×所得税税率

D. 年现金净流量=收入×（1-所得税税率）-付现成本×（1-所得税税率）+折旧额

6. 当各项目的投资额和计算期都不相同时，进行项目分析评价宜采用的方法有(　　)。

A. 净现值法　　　　　　　B. 年回收额法

C. 差额净现法　　　　　　D. 年成本比较法

7. 下列表述中正确的说法有(　　)。

A. 当净现值等于零时，项目的贴现率等于内含报酬率
B. 当净现值大于零时，现值指数大于1
C. 当净现值大于零时，说明投资方案可行
D. 当净现值大于零时，项目贴现率大于投资项目本身的报酬率

8. 常用来进行投资项目风险分析的方法有(   )。

A. 内含报酬率法　　　　　　　B. 肯定当量法
C. 风险调整贴现率法　　　　　D. 净现值法

9. 如果其他因素不变，一旦折现率提高，则下列指标中其数值将会变小的是(   )。

A. 净现值率　　　　　　　　　B. 净现值
C. 内部收益率　　　　　　　　D. 现值指数

10. 内部收益率是指(   )。

A. 投资报酬与总投资的比率
B. 项目投资实际可达到的期望报酬率
C. 投资报酬现值与总投资现值的比率
D. 使投资方案净现值为零的贴现率

三、判断题（共10题）

1. 在排定两个独立投资方案的优先顺序时，贴现率的高低不会影响方案的优先顺序。(   )

2. 一般情况下，使某投资方案的净现值小于零的折现率，一定小于该投资方案的内含报酬率。(   )

3. 如果大家都不愿意冒险，风险报酬系数（风险报酬斜率）就小，风险报酬率也越低。(   )

4. 折旧之所以对投资决策产生影响，是由于所得税引起的。(   )

5. 考虑所得税的影响时，项目采用加速折旧法计提折旧，计算出来的方案净现值比采用直线法计提折旧时的方案净现值要大。(   )

6. 投资回收期指标虽然没有考虑资金时间价值，但考虑了回收期后的现金流量状况。(   )

7. 如果已知项目的风险程度与无风险最低报酬率，就可以运用公式算出风险调整贴现率。(   )

8. 若一个风险投资项目的内含报酬率大于风险报酬率，则该方案可行。（ ）

9. 肯定当量法克服了风险调整贴现率法夸大远期风险的缺点，可以根据各年不同的风险程度，分别采用不同的肯定当量系数。（ ）

10. 某投资人投资开发一片新果园，因投资有风险，所以应以风险调整贴现率法评价其可行性。（ ）

四、计算题（共9题）

1. 某企业购买机器价款为10万元，每年可为企业增加净利润1万元，该设备可使用5年，报废无残值，采用直线法计提折旧，该企业的贴现率为10%。

要求：(1) 用静态法计算该投资方案的会计收益率、投资回收期，并对此投资方案作出评价。

(2) 用动态法计算该投资方案的净现值、净现值率、现值指数、内含报酬率，并对此投资方案作出评价。

2. 某企业投资15 500元购入一台设备，当年投入使用。该设备预计残值500元，可使用3年，按直线法计提折旧，设备投产后每年增加现金净流量分别为6 000元、8 000元、10 000元，企业要求最低投资报酬率为18%。

要求：计算该投资方案的净现值、内含报酬率，并作出评价。

3. 某投资项目在期初一次性投入全部的投资额，当年完工并投产，投产后每年的利润相等，按直线法计提折旧，无残值，项目有效期8年，已知项目静态投资回收期为3.5年。

要求：计算该项目的内含报酬率。

4. 某企业引进一条生产流水线，投资100万元，使用期限5年，期满残值为5万元，每年可使企业增加营业收入80万元，同时也增加付现成本35万元，采用直线法计提折旧，企业要求最低报酬率为10%，所得税税率40%。

要求：计算该项投资的净现值并判断其可行性。

5. 某公司打算购置新设备，实施该方案后的有关信息如下：

(1) 即使采用新设备，预期仍会有6 000元的次品成本。

(2) 新设备方案每年可以减少付现成本30万元。

（3）购买新设备 50 万元，预期使用 4 年，但为了加快回收折旧，按 3 年期计提折旧，设备残值为 5 万元。

（4）采用新设备后每年维修成本从 2 000 元增加到 8 000 元。假设企业适用的所得税税率为 40%，资金成本率为 10%，分析该方案是否可行。

6. 某航运公司现有一艘旧货船，如现在加以大修，需支付大修成本 20 000 元，并预计在第 5 年的年末还需大修一次，预计大修成本为 8 000元。如在第 5 年年末未按时大修，该货船可继续使用 5 年，期满残值为 5 000 元，另外该船每年的营运成本为 18 000 元。现在公司拟出售该旧货船，可得价款 7 000 元，购买新船需增加购入成本 60 000 元。新船的寿命为 10 年，预计在使用后第 5 年的年末大修一次，成本为 2 500元，10 年期满残值为 5 000 元。新船年营运成本为 10 000 元，该公司资金成本为 18%。

要求：确定公司是否购置新船。

7. 某公司决定进行一项投资，投资期限为 3 年。每年的年初投资 2 000万元，第 4 年年初开始投产，投产时需要垫支 500 万元营运资金，项目寿命期为 5 年，5 年中会使企业每年增加销售收入 3 600 万元，每年的付现成本为 1 200 万元，假设该企业所得税税率为 30%，资本成本率为 10%，固定资产按照直线法计提折旧，并且该固定资产无残值。

要求：计算该项目的投资回收期和净现值。

8. 某企业投资 31 000 元购入一台设备。该设备预计最终无残值，可使用 3 年，税法规定按照直线法计提折旧，折旧年限为 4 年，预计残值为 1 000 元。该设备投产后每年销售收入增加额分别为 20 000 元，40 000元，30 000 元，付现成本的增加额每年为 8 000 元，24 000 元，10 000 元。企业适用的所得税税率为 40%，要求的最低报酬率为 10%，目前税后利率为 40 000 元。

要求：（1）假设未来企业经营无变化，预测未来 3 年每年的税后利润。

（2）计算该投资方案的净现值。

9. 某企业计划进行某项投资活动，有甲、乙两个投资方案资料如下：

（1）甲方案原始投资150万元，其中固定资产投资100万元，垫支流动资金50万元，全部资金于建设起点一次性投入，经营期为5年，到期残值收入5万元，预计投产后营业收入为90万元，年总成本（包括折旧）为60万元。

（2）乙方案原始投资额为200万元，其中固定资产120万元，垫支流动资金80万元。建设期2年，经营期5年，流动资金于建设期结束时投入，固定资产残值收入8万元，到期投产后，年收入170万元，付现成本每年80万元。

其他资料：固定资产按直线法计提折旧，全部流动资金于终结点收回，该企业为免税企业，可以免交企业所得税。

要求：（1）计算甲、乙方案各年的净现金流量；

（2）计算甲、乙方案的投资回收期；

（3）计算甲、乙方案的会计收益率；

（4）该企业所在行业的基准折现率为10%。

6.6 推荐资源

1. 在项目投资中，对现金流量的估计是个难点，想细致了解这一问题的读者可以参阅：

[1] 张晓亮．企业项目投资现金流量估算探析[J]．会计之友，2013（19）．

[2] 刘群，廖正方．项目投资现金流量估算方法的改进[J]．湖北经济学院学报，2009（6）．

2. 评价一个投资项目是否具有可行性，需要依靠一些评价方法，想进一步掌握这些方法及其在实践中的应用的读者，可以参阅：

[1] 邵希娟，杜丽萍．关于投资回收期法的探讨[J]．财会通讯（理财版），2007（1）．

[2] 颜志刚．净现值计算方法的差异及其消除[J]．财会通讯，2004（18）．

[3] 张小利．净现值与内部收益率在投资决策中的选用[J]．中央财经大学学报，2006（8）．

[4] 张信东，刘维奇．亦谈净现值法与内含报酬率法冲突的协调[J]．山西大学学报（哲学社会科学版），2000（2）．

[5] 陶娅．对内含报酬率计算方法的探讨[J]．中国管理信息化，2013（12）．

6.7 课外阅读书目

[1] 吉全贵．财务管理[M]．北京：经济科学出版社，1997.（第六章“固定资产投资管理”）

[2] 荆新，王化成，刘俊彦．财务管理学[M]．北京：中国人民大学出版社，1999.（第八章“内部长期投资”）

[3] 汪平．财务导向论[M]．海口：南海出版公司，1995.（第七章“资本预算”）

[4] 汤谷良．企业财务管理[M]．杭州：浙江人民出版社，2002.（第六章“财务决策——投资决策”）

[5] 谷祺，刘淑莲．财务管理[M]．大连：东北财经大学出版社，2002.（第八章“固定资产管理”）

[6] 范霍恩 J，瓦霍维奇 J. 现代企业财务管理[M]．北京：经济科学出版社，1998.（第十三章“资本预算方法”）

6.8 用 Excel 解决本章问题

1. 相关函数

（1）NPV（　　）函数

通过使用贴现率以及一系列未来支出（负值）和收入（正值），返回一项投资的净现值。

Excel 语法：NPV（RATE，VALUE1，VALUE2，…）

其中，RATE 为某一期间的贴现率，是一个固定值；“VALUE1，VALUE2，…”为 1 到 29 个参数，代表支出及收入，“VALUE1，VALUE2，…”在时间上必须具有相等的间隔，并且都发生在期末。

NPV 使用“VALUE1，VALUE2，…”的顺序来解释现金流的顺序。所以输入人员务必保证支出和收入的数额按正确的顺序输入。

(2）IRR（　　）函数

IRR函数返回由数值代表的一组现金流的内部收益率。这些现金流不是必须均衡，但是作为年金，它们必须按固定的时间间隔产生（如按月或按年）。内部收益率为投资的回收利率，其中包含定期支付（负值）和定期收入（正值）。

Excel语法：IRR（VALUES，GUESS）

其中，VALUES为数组或单元格的引用，包含用来计算返回的内部收益率的数字。VALUES必须包含至少一个正值或一个负值，以计算返回的内部收益率。函数IRR根据数值的顺序来解释现金流的顺序。故应确定按需要的顺序输入了支付和收入的数值。如果数组或引用包含文本、逻辑值或空白单元格，那么这些数值将被忽略。

GUESS为对函数IRR计算结果的估计值。

2. 利用NPV函数计算项目的净现值并判断方案优劣

【例6-1】某企业有A、B两个待选投资项目，有关数据见表6-1。

表6-1　　**A、B两待选投资项目数据表**

期间	A项目		B项目	
	现金流入量（元）	现金流出量（元）	现金流入量（元）	现金流出量（元）
0		10 000		8 000
1		8 000		5 000
2	9 000	2 000	6 000	1 000
3	9 000	2 000	8 000	1 000
4	9 000	2 000	10 000	2 000
5	9 000	2 000	80 000	1 500
6	9 000	2 000	6 000	1 000

请用Excel和NPV法来进行方案决策。具体操作步骤如下：

（1）建立净现金流量公式，计算两方案各年的现金净流量。

在D5单元格中输入公式“=B5-C5”，单击“复制”按钮，该单元格呈闪烁状，分别选择目标单元格区域“D6：D13”和“H5：H13”，单击工具栏的“粘贴”按钮，完成相关指标的计算。

（2）建立净现值公式，计算出 NPV。

选择单元格 E5，输入公式“=NPV（0，D6）”。

选择单元格 E6，输入公式“=NPV（$I$2，D6）”。

选择单元格 E7，输入公式“=SUM（E5：E6）”。

选择单元格 E13，输入公式“=NPV（$I$2，0，D9：D12）”。

选择单元格 E14，输入公式“=E7+E13”。

将以上 5 个公式复制到 B 项目的相应单元格内，复制方法同上。

计算结果如图 6-5 所示。

	A	B	C	D	E	F	G	H	I
1	净现值法								
2								资金成本率	14%
3	期间（年）	A项目				B项目			
4		流入	流出	净流量	现值	流入	流出	净流量	现值
5	0		10000	-10000	-10,000.00		8000	-8000	-8,000.00
6	1		8000	-8000	-7,017.54		5000	-5000	-4,385.96
7	合计		18000	-18000	-17,017.54		13000	-13000	-12,385.96
8	2	9000	2000	7000		6000	1000	5000	
9	3	9000	2000	7000		8000	1000	7000	
10	4	9000	2000	7000		10000	2000	8000	
11	5	9000	2000	7000		8000	1500	6500	
12	6	9000	2000	7000		6000	1000	5000	
13	合计	45000	10000	35000	21,080.32	38000	7000	31000	18,962.61
14	净现值				4,062.78				6,576.64

图 6-5　A、B 两方案各年的现金净流量

（3）因为 A 项目的净现值（4 062.78 元）小于 B 项目的净现值（6 576.64 元），所以 B 项目较优。

3. 利用 IRR 函数计算项目的内含报酬率并判断方案优劣

【例 6-2】某企业现有 A、B 两个项目选择，具体资料如图 6-6 所示，请用 Excel 和 IRR 法进行方案优选。

具体操作步骤如下：

（1）选择 B13 单元格，输入公式“=IRR（B3：B5，-10%）”，可得到 2 年回收时 A 项目的内含报酬率。

（2）选择 B14 单元格，输入公式“=IRR（B3：B6）”，可得到 3 年回收时 A 项目的内含报酬率。

（3）拖动单元格 B14 右下角的填充柄，将公式复制到单元格区域“B15：B18”，可得到 4—7 年内回收时 A 项目的内含报酬率。

（4）选择单元格区域“B13：B20”，拖动右下方的填充柄，将公式复制到单元格区域“C103：C18”，可得到 B 项目各年回收时的内含

	A	B	C
1	投资方案现金流量		
2			单位：元
3	年份	A方案现金净流量	B方案现金净流量
4	0	-200000	-300000
5	1	5000	60000
6	2	85000	70000
7	3	80000	90000
8	4	65000	85000
9	5	70000	88000
10	6	40000	80000
11	7	50000	70000

图 6-6　A、B 两项目的具体资料

报酬率。

（5）结论。从内含报酬率看，可以发现 A 项目优于 B 项目，具体结果如图 6-7 所示。

	A	B	C
1	投资方案现金流量		
2			单位：元
3	年份	A方案现金净流量	B方案现金净流量
4	0	-200000	-300000
5	1	5000	60000
6	2	85000	70000
7	3	80000	90000
8	4	65000	85000
9	5	70000	88000
10	6	40000	80000
11	7	50000	70000
12	分析评价（IRR）		
13	年份	IRR（A）	IRR（B）
14	2	-33.55%	-40.67%
15	3	-6.42%	-13.24%
16	4	5.82%	0.63%
17	5	13.75%	9.10%
18	6	16.74%	13.97%
19	7	19.38%	16.85%

图 6-7　A、B 两项目的计算结果

第7章 证券投资

7.1 本章框架

通过本章的学习，要求在深入理解证券投资相关概念和程序的基础上，掌握债券估价和股票估价，以及证券收益率的计算方法。本章的学习难点在于：掌握证券内在价值的评估，包括债券估价和股票估价。同时，证券收益率即债券收益率和股票收益率的计算也是本章学习的一个难点。证券估价是企业金融资产投资决策和企业筹资决策的关键环节，读者应该结合教材和练习题进行深层次的学习，这样才能理解资本市场是如何有效运行的。

本章基本架构图如图7-1所示。

- 财务估价原理
  - 几个基本概念的比较
    - 内在价值
    - 账面价值
    - 市场价值
    - 清算价值
  - 折现现金流量法
    - 确定现金流量
    - 确定贴现率
    - 确定资产价值
- 债券估价
  - 债券的概念
  - 债券的基本要素
    - 债券面值
    - 债券票面价值
    - 债券到期日
    - 债券付息方式
  - 债券价值评估
    - 债券估价的一般模型
    - 影响债券估价的因素
      - 必要收益率
      - 到期时间
      - 利息支付频率
      - 计息方式
    - 债券估价的其他模型
      - 永久债券
      - 零息债券
  - 债券到期收益率
- 股票估价
  - 股票的概念
  - 股票估价模型
    - 普通股估价的一般模型
    - 零增长模型
    - 不变增长模型或匀速增长模型
    - 多元增长模型
  - 股票到期收益率
- 企业估价
  - 认识企业价值
  - 企业估价要了解的基础概念
    - 股权自由现金流量
    - 公司自由现金流量
  - 股权自由现金流量贴现模型
  - 公司自由现金流量贴现模型

图7-1 本章基本架构图

7.2 内容提要

1. 证券投资的分类

根据证券投资的对象不同，证券投资可分为债券投资、股票投资和组合投资三类。

2. 证券投资的目的

证券投资的目的是：①暂时存放闲置资金。②与筹集长期资金相配合。③满足未来的财务需求。④满足季节性经营对现金的需求。⑤获得对相关企业的控制权。

3. 证券投资风险的主要来源

证券投资风险主要来源于以下几个方面：违约风险、利息率风险、购买力风险、流动性风险和期限风险。

4. 证券投资决策

证券投资决策，除需要衡量风险和收益率外还要考虑并进行国民经济形势分析、行业分析、企业经营管理情况分析。

5. 对外直接投资

对外直接投资的方式主要有合资经营方式、合作经营方式和购并控股方式。对外直接投资应考虑的因素有企业当前的财务状况、企业整体的经营目标及投资的收益与风险。对外直接投资的决策一般可按照以下程序进行：①投资方案的提出。②对投资方案进行分析、评价选出最优投资方案。③拟定投资计划并选择合理的出资方式和时间。④投资方案的实施。⑤对投资效果进行评价。

6. 债券短期投资的目的

债券短期投资的目的是为了配合企业对资金的需求，调节现金余额，使现金余额达到合理的水平。

7. 常见的债券估价模型

（1）一般情况下的债券估价模型：

$$P=I\cdot(P/A,K,n)+F\cdot(P/F,K,n)$$

（2）一次还本付息且不计复利的债券估价模型：

$$P=F(1+i\cdot n)\cdot(P/F,K,n)$$

（3）折现发行时债券的估价模型：

$$P=F\cdot(P/F, K, n)$$

8. 债券投资的优缺点

债券投资的优点有：本金安全性高，收入稳定性强和市场流动性好；债券投资的缺点有：购买力风险较大，并且没有经营管理权。

9. 股票投资的目的

股票投资的目的主要有：获利或控股。

10. 股票的估价

（1）短期持有股票、未来准备出售的股票估价模型：

$$V=\sum_{t=1}^{n}\frac{d_t}{(1+K)^t}+\frac{V_n}{(1+K)^n}$$

（2）长期持有股票、股利稳定不变的股票估价模型：

$$V=d/K$$

（3）长期持有股票、股利固定增长的股票估价模型：

$$V=\frac{d_0(1+g)}{K-g}$$

11. 股票投资的优缺点

股票投资的优点：投资收益高、购买力风险低、拥有经营控制权；投票投资的缺点：求偿权居后、价格不稳定、收入不稳定。

12. 投资基金

投资基金是一种利益共享、风险共担的集合证券投资方式，即通过发行基金单位，集中投资者的资金，由基金托管人托管，由基金管理人管理和运用资金，从事股票、债券等金融工具投资。在我国，基金托管人必须由合格的商业银行担任，基金管理人必须由专业的基金管理公司担任。基金投资人享受证券投资基金的收益，也承担亏损的风险。

投资基金的特点有：投资基金是由专家运作、管理并专门投资于证券市场的基金；投资基金是一种间接的证券投资方式；投资基金具有投资小、费用低的优点；投资基金具有组合投资、分散风险的好处；投资基金的流动性强。

根据基金是否可以赎回，投资基金可分为开放式基金和封闭式基金。开放式基金，是指基金规模不是固定不变的，而是可以随时根据市场供求情况发行新份额或由投资人赎回的；封闭式基金，是指基金规模在发行前已确定，在发行完毕后和规定的期限内，基金规模固定不变的投资基金。

13. **证券投资组合的风险**

通过有效地进行证券投资组合，可达到降低风险的目的。证券投资组合的风险按性质不同分为两类：非系统性风险和系统性风险。非系统性风险是某些因素对单个证券经济损失的可能性；系统性风险是由于某些因素给市场上所有的证券都带来经济损失的可能性。

14. **证券组合的风险收益**

与单项投资不同，证券组合投资要求补偿的风险只是不可分散风险，而不要求对可分散风险进行补偿。证券组合的风险收益是投资者因承担不可分散风险而要求的，超过时间价值的那部分额外收益。

15. **证券投资组合的策略**

证券投资组合的策略有：保守型策略、冒险型策略和适中型策略。

16. **证券投资组合的方法**

证券投资组合的方法有：选择足够数量的证券进行组合，把风险大、风险中等、风险小的证券放在一起进行的组合，把投资收益呈负相关的证券放在一起进行组合。

7.3 重点与难点解析

1. **证券投资的风险**

（1）系统风险：

利息率风险——由于利息率的变动而引起证券价格波动，进而遭受损失的风险。

再投资风险——由于市场利率下降而造成的无法通过再投资来实现预期收益的风险。

购买力风险——由于通货膨胀而使到期或出售时所获货币资金购买力降低的风险。

（2）非系统风险：

违约风险——无法按期支付利息或偿还本金的风险。

流动性风险——想出售而不能立即出售的风险。

破产风险——发行者破产，无法收回应得权益的风险。

2. **效率市场假说**

证券投资风险与收益确定、决策的前提是关于证券市场价格对相关信息反映程度的假定。效率市场假说，见表7-1。

表7-1　**效率市场假说**

资本市场		强势有效	次强势有效	弱势有效	无效市场
有效的前提	1. 信息公开的有效性	满足	受损害	受损害	受损害
	2. 信息从被公开到被接收的有效性	满足	满足	满足	受损害
	3. 投资者对信息做出判断的有效性	满足	满足	受损害	受损害
	4. 投资者实施投资决策的有效性	满足	满足	满足	受损害
包括的信息	公开信息	√	√	√	√
	内幕信息	—	√	√	√

7.4 本章主要公式

1. **债券价值计算的基本模型**

债券价值计算的基本模型主要是指按复利方式计算的每年定期付息、到期一次还本情况下的债券的估价模型。

$$V=\sum_{t=1}^{n}\frac{i\cdot F}{(1+K)^{t}}+\frac{F}{(1+K)^{n}}$$

$$=i\cdot F\cdot (P/A,\ K,\ n)+F\cdot (P/F,\ K,\ n)$$

$$=I\cdot (P/A,\ K,\ n)+F\cdot (P/F,\ K,\ n)$$

其中：V——债券价值

i——债券票面利息率

I——债券利息

F——债券面值

K——市场利率或投资人要求的必要收益率，折现率

n——付息总期数

2. **一次还本付息的单利债券价值模型**

我国很多债券属于一次还本付息、单利计算的存单式债券，其价值

模型为：

$$V=F(1+i\cdot n)/(1+K)^n$$
$$=F(1+i\cdot n)\cdot(P/F, K, n)$$

公式中的符号含义同前式。

3. **零息债券的价值模型**

零息债券的价值模型是指到期只能按面值收回，期内不计息债券的估价模型。零息债券也称为“纯贴现债券”。

$$V=F/(1+K)^n=F\cdot(P/F, K, n)$$

公式中的符号含义同前式。

4. **永久债券的价值模型**

永久债券是指没有到期日，永不停止定期支付利息的债券。

永久债券的价值计算公式如下：

$$V=I/K$$

公式中的符号含义同前式。

5. **股票价值的基本模型**

$$V=\sum_{t=1}^{n}\frac{d_t}{(1+K)^t}+\frac{V_n}{(1+K)^n}$$

其中：V——股票内在价值

d_t——第 t 期的预期股利

K——投资人要求的必要资金收益率

V_n——未来出售时预计的股票价格

n——预计持有股票的期数

6. **股利零增长、长期持有的股票价值模型**

$$V=d/K$$

其中：V——股票内在价值

d——每年固定股利

K——投资人要求的资金收益率

7. **长期持有股票，股利固定增长的股票价值模型**

设去年股利为 d_0，本年股利为 d_1，每年股利增长率为 g，则股票价值模型为：

$$V=\frac{d_0(1+g)}{K-g}$$

$$=\frac{d_1}{(K-g)}$$

8. 短期债券收益率的计算

短期债券由于期限较短，一般不用考虑货币时间价值因素，只需考虑债券价差及利息，将其与投资额相比，即可求出短期债券收益率。其基本计算公式为：

$$K=\frac{S_1-S_0+I}{S_0}$$

其中：S_0——债券购买价格

S_1——债券出售价格

I——债券利息

K——债券投资收益率

9. 长期债券收益率的计算

对于长期债券，由于涉及时间较长，需要考虑货币时间价值，其投资收益率一般是指购进债券后一直持有至到期日可获得的收益率，它是使债券利息的年金现值和债券到期收回本金的复利现值之和等于债券购买价格时的贴现率。

一般债券的价值模型为：

$$V=I\cdot(P/A, K, n)+F\cdot(P/F, K, n)$$

其中：V——债券的购买价格

I——每年获得的固定利息

F——债券到期收回的本金或中途出售收回的资金

K——债券的投资收益率

n——投资期限

由于无法直接计算收益率，必须采用逐步测试法及内插法来计算，即：先设定一个贴现率代入上式，如计算出的 V 正好等于债券买价，则该贴现率即为收益率；如计算出的 V 与债券买价不等，则必须继续测试，再用内插法求出收益率。

10. 短期股票收益率的计算

如果企业购买的股票在 1 年内出售，其投资收益主要包括股票投资价差及股利两部分，不需考虑货币时间价值，其收益率计算公式如下：

$K = (S_1 - S_0 + d) / S_0 \times 100\%$

$= (S_1 - S_0) / S_0 + d/S_0$

=预期资本利得收益率+股利收益率

其中：K——短期股票收益率

S_1——股票出售价格

S_0——股票购买价格

d——股利

11. 股票长期持有，股利固定增长的收益率的计算

由固定增长股利价值模型，我们知道：

$$K = \frac{d_1}{V + g}$$

12. 一般情况下股票投资收益率的计算

一般情况下，企业进行股票投资可以取得股利，股票出售时也可收回一定的资金，只是股利不同于债券利息，股利是经常变动的，股票投资的收益率是使各期股利及股票售价的复利现值等于股票买价时的贴现率。即：

$$V = \sum_{t=1}^{n} \frac{d_t}{(1+K)^t} + \frac{V_n}{(1+K)^n}$$

其中：V——股票的买价

d_t——第 t 期的股利

K——投资收益率

V_n——股票出售价格

n——持有股票的期数

7.5 章节自测习题

一、名词解释（共9题）

1. 证券
2. 证券投资
3. 债券
4. 债券面值
5. 债券必要收益率
6. 债券价值
7. 股票价值
8. 固定增长股利模型
9. 证券投资收益

二、单项选择题（共25题）

1. 债券投资的特点是(　　)。

A. 债券投资者有权参与企业的经营决策

B. 债券投资的风险高于股票投资

C. 债券投资比直接投资的变现能力强

D. 债券投资的期限较长

2. 相对于债券投资而言，不属于股票投资特点的是(　　)。

A. 股票投资是权益性投资　　B. 股票价格的波动性大

C. 股票投资的收益稳定　　D. 股票投资的风险大

3. 关于证券的分类，下列说法错误的是(　　)。

A. 按照证券收益的决定因素，可分为所有权证券和债权证券

B. 按照证券到期日的长短，可分为短期证券和长期证券

C. 按照募集方式的不同，可分为公募证券和私募证券

D. 按照证券发行主体的不同，可以分为政府证券、金融证券和公司证券

4. 某企业购买A股票100万股，买入价为每股5元，持有3个月后卖出，卖出价为每股5.4元，在持有期间每股分得现金股利0.1元，则该企业持有期收益率为(　　)。

A. 10%　　B. 40%

C. 8%　　D. 32%

5. A公司股票股利的固定增长率为6%，预计第1年的股利为1.2元/股，目前国库券的收益率为4%，市场风险溢酬为8%。该股票的β系数为1.5，那么该股票的价值为(　　)元。

A. 30　　B. 12

C. 31.8　　D. 10.6

6. 甲在2×09年4月1日投资12 000元购买B股票1 000股，于2×12年3月31日以每股15元的价格将股票全部出售，持有期间没有收到股利，则该项投资的持有期年均收益率为(　　)。

A. 8.33%　　B. 25%

C. 7.72%　　D. 10%

7. 假设无风险利率为6%，市场上所有股票的平均报酬率为10%，

某种股票的β系数为1.5，则该股票的报酬率为(　　)。

A. 7.5%　　B. 12%

C. 14%　　D. 16%

8. 股票投资的特点是(　　)。

A. 股票投资的风险较小　　B. 股票投资属于权益性投资

C. 股票投资的收益比较稳定　　D. 股票投资的变现能力较差

9. 甲公司对外流通的优先股每季度支付股利每股1.2元，年必要报酬率为12%，则该公司优先股的价值是每股(　　)元。

A. 20　　B. 40

C. 10　　D. 60

10. 某公司发行面值为1 000元的5年期债券，债券票面利率为10%，半年付息一次，发行后在二级市场上流通。假设必要报酬率为10%并保持不变，以下说法中正确的是(　　)。

A. 债券溢价发行，发行后债券价值随到期时间的缩短而逐渐下降，至到期日债券价值等于债券面值

B. 债券折价发行，发行后债券价值随到期时间的缩短而逐渐上升，至到期日，债券价值等于面值

C. 债券按面值发行，发行后债券价值一直等于票面价值

D. 债券按面值发行，发行后债券价值在两个付息日之间呈周期性波动

11. 债券A和债券B是两只刚发行的平价债券，债券的面值和票面利率相同，票面利率均高于必要报酬率，以下说法中，正确的有(　　)。

A. 如果两债券的必要报酬率和利息支付频率相同，偿还期限长的债券价值低

B. 如果两债券的必要报酬率和利息支付频率相同，偿还期限长的债券价值高

C. 如果两债券的偿还期限和必要报酬率相同，利息支付频率高的债券价值低

D. 如果两债券的偿还期限和利息支付频率相同，必要报酬率与票面利率差额大的债券价值高

12. 某公司于2×09年1月1日发行5年期、每年12月31日付息的债券，面值为1 000元，票面利率为10%，甲投资者于2×13年7月1日以1 020元的价格购买该债券并打算持有至到期日，则该投资者进行该项投资的到期收益率为(　　)。

A. 15.69%　　　　B. 8.24%

C. 4.12%　　　　D. 10%

13. 甲公司以10元的价格购入某股票，假设持有1年之后以10.5元的价格售出，在持有期间共获得1.5元的现金股利，则该股票的持有期收益率是(　　)。

A. 12%　　　　B. 9%

C. 20%　　　　D. 35%

14. 一般认为，企业进行长期债券投资的主要目的是(　　)。

A. 控制被投资企业　　　　B. 调剂现金余额

C. 获得稳定收益　　　　D. 增强资产流动性

15. 债券发行时，当票面利率高于市场利率时为(　　)。

A. 等价发行债券　　　　B. 溢价发行债券

C. 折价发行债券　　　　D. 平价发行债券

16. 投资者在购买债券时，可以接受的最高价格是(　　)。

A. 市场的平均价格　　　　B. 债券的风险收益

C. 债券的内在价值　　　　D. 债券的票面价格

17. 某股票为固定成长股，其成长率为3%，预期第1年后的股利为4元。假定目前国库券收益率为13%，平均风险股票必要收益率为18%，而该股票的β系数为1.2，则该股票的价值为(　　)元。

A. 15　　　　B. 20

C. 25　　　　D. 30

18. 甲企业购买A种股票10 000股，购买价为每股10元，随后按每股16元的价格将A股票全部卖出，实际发生的证券交易费用为600元，则该笔证券交易的资本利得是(　　)元。

A. 59 400　　　　B. 60 000

C. 60 600　　　　D. 159 400

19. 某公司发行的股票，投资人要求的必要报酬率为20%，最近刚支付的股利为每股 2 元，估计股利年增长率为 10%，则该种股票的价值为(　　)元。

A. 20　　B. 24

C. 22　　D. 18

20. 某公司股票的 β 系数为 2.5，无风险利率为 6%，市场上所有股票的平均报酬率为 10%，若该股票为固定成长股票，成长率为 6%，预计 1 年后的股利为 1.5 元，则该股票的价值为(　　)元。

A. 5　　B. 10

C. 15　　D. 20

21. 股票投资较之债券投资而言，其特点是(　　)。

A. 股票投资的求偿权居前　　B. 股票投资的购买力风险大

C. 股票投资的收益比较稳定　　D. 股票投资的变现能力较差

22. 甲公司于 2×12 年 11 月 1 日投资 95 000 元，购进乙公司发行的面值为 1 000 元、票面利率为 8% 的短期债券 100 张。该债券每年付息一次，甲公司预计于 2×13 年 10 月 30 日以面值出售该债券，则该债券的投资收益率为(　　)。

A. 5.26%　　B. 8.42%

C. 13%　　D. 13.68%

23. 甲公司准备投资购买某信托股份有限公司的股票，该股票刚刚支付的股利为每股 3 元，预计以后每年以 2% 的增长率增长，该公司期望投资报酬率 10%，则该股票的市场价格为(　　)时才值得购买。

A. 大于等于 30 元　　B. 大于等于 25.45 元

C. 小于等于 40 元　　D. 小于等于 38.25 元

24. 决定股票价格的最基本的因素为(　　)。

A. 收入和利润　　B. 收入和成本

C. 风险和报酬　　D. 股东财富与风险

25. 相对于股票投资而言，下列项目中能够揭示债券投资特点的是(　　)。

A. 无法事先预知投资收益水平

B. 投资收益率的稳定性较强

C. 投资收益率比较高

D. 投资风险较大

三、多项选择题（共22题）

1. 与股票投资相比，债券投资的优点有(　　)。

A. 本金安全性好　　B. 投资收益率高

C. 投资风险小　　D. 收入稳定性强

2. 下列关于公式“股票价值 = d_1/（K - g）”的说法正确的有(　　)。

A. 这个公式适用于股利增长率固定不变的股票

B. 其中的 d_1/（K-g）表示的是未来第一期股利的现值

C. 这个公式适用于股东永远持有股票的情况

D. 其中的 g 可以根据公司的可持续增长率估计

3. 决定债券收益率的因素主要有(　　)。

A. 票面利率　　B. 持有时间

C. 市场利率　　D. 购买价格

4. 在计算不超过 1 年的债券的持有期年均收益率时，应考虑的因素包括(　　)。

A. 利息收入　　B. 持有时间

C. 买入价　　D. 卖出价

5. 影响债券价值的因素包括(　　)。

A. 折现率　　B. 票面利率

C. 计息期　　D. 到期时间

6. 下列属于普通股评价模型的局限性的是(　　)。

A. 未来经济利益流入量的现值是决定股票价值的唯一因素

B. 模型对未来期间股利流入量预测数的依赖性很强，而这些数据很难准确预测

C. 股利固定模型、股利固定增长模型的计算结果受 d_0 或 d_1 的影响很大，而这两个数据可能具有人为性、短期性和偶然性，模型放大了这些不可靠因素的影响力

D. 折现率的选择有较大的主观随意性

7. 下列关于证券估值的说法中正确的有(　　)。

A. 任何金融资产的估值都是资产期望创造现金流的现值

B. 带息债券在发行时，票面利率一般会设定在使债券市场价格等于其面值的水平

C. 带息债券在发行时，票面利率一般会设定在使债券市场价格高于其面值的水平

D. 普通股估值时考虑的现金收入由两部分构成：一部分是在股票持有期间收到的现金股利，另一部分是出售股票时得到的变现收入

8. 下列说法中正确的有(　　)。

A. 当债券的到期收益率大于必要报酬率时，应购买债券；反之，应出售债券

B. 只有持有至到期日，才能计算到期收益率

C. 对于股票投资，由于没有到期日，因此不存在到期收益率

D. 溢价发行债券时，票面利率大于必要报酬率

9. 下列各项中，能够影响债券内在价值的因素有(　　)。

A. 债券的价格　　B. 债券的计息方式(单利还是复利)

C. 当前的市场利率　　D. 票面利率

10. 下列表述中属于普通股筹资特点的有(　　)。

A. 成本较高　　B. 可利用财务杠杆

C. 有固定股利负担　　D. 财务风险较低

11. 购入股票可在预期的未来获得的现金流入包括(　　)。

A. 到期按面值返还的本金　　B. 每期预期的股利

C. 出售时得到的价格收入　　D. 预期资本利得增长率

12. 关于债券到期收益率含义的表述中正确的有(　　)。

A. 它是指导选购债券的标准

B. 它是指购进债券后，一直持有该债券至到期日可获取的收益率

C. 它可以反映债券投资按复利计算的真实收益率

D. 它是能使未来现金流入现值等于债券买入价格的贴现率

13. 下列证券中属于固定收益的是(　　)。

A. 公司债券　　B. 金融债券

C. 优先股股票　　D. 普通股股票

14. 以下关于股票投资特点的说法中正确的是(　　)。

A. 风险大　　　　　　　　　B. 风险小

C. 期望收益高　　　　　　　D. 期望收益低

15. 下列各项中，能够影响债券内在价值的因素有(　　)。

A. 债券的价格　　　　　　　B. 债券的付息方式

C. 当前的市场利率　　　　　D. 票面利率

16. 股利固定增长的股票，其内在价值(　　)。

A. 与股利增长率呈同向变动

B. 与年股利呈反方向变化

C. 与β系数呈反方向变化

D. 与投资人要求的必要报酬率呈同方向变化

17. 下列关于股票的说法中，正确的有(　　)。

A. 在满足未来经营效率、财务政策不变的特定条件下，股利增长率可以用上年可持续增长率来确定

B. 在不考虑通货膨胀的情况下，从长期来看，公司股利的固定增长率不可能超过公司的资本成本率

C. 股票的价值是指其实际股利所得和资本利得所形成的现金流入量的现值

D. 股利的资本化价值决定了股票价格

18. 债券到期收益率是(　　)。

A. 能够评价债券收益水平的指标之一

B. 购进债券后，一直持有该债券至到期日所获取的收益率

C. 一般情况下用复利计算的收益率

D. 能使未来现金流入现值等于债券买入价格的贴现率

19. 两只刚发行的平息债券，面值和票面利率相同，票面利率均高于必要报酬率，下列说法中正确的有(　　)。

A. 如果两债券的偿还期限和必要报酬率相同，利息支付频率高的债券价值低

B. 如果两债券的偿还期限和必要报酬率相同，利息支付频率高的债券价值高

C. 如果两债券的必要报酬率和利息支付频率相同，偿还期限长的债券价值高

D. 如果两债券的必要报酬率和利息支付频率相同，偿还期限长的债券价值低

20. 下列表述中正确的是（　　）。

A. 对于分期付息的债券，当期限接近到期日时，债券价值向面值回归

B. 债券价值的高低受利息支付的方式影响

C. 一般而言债券期限越长，其利率风险越小

D. 当市场率上升时，债券价值会下降

21. 从规避投资风险的角度看，债券投资组合的主要形式有（　　）。

A. 短期债券与长期债券组合

B. 信用债券与担保债券组合

C. 政府债券、金融债券与企业债券组合

D. 附认股权债券与不附认股权债券组合

22. 在下列各项中，影响债券收益率的有（　　）。

A. 债券的票面利率、期限和面值

B. 债券的持有时间

C. 债券的买入价和卖出价

D. 债券的流动性和违约风险

四、判断题（共20题）

1. 国库券是一种几乎没有风险的有价证券，其利率可以代表资金的时间价值。（　　）

2. 政府债券是以国家财政为担保的，一般可以看做无违约风险的债券。（　　）

3. 对于到期一次还本付息的债券而言，随着时间的推移，债券价值逐渐增加。（　　）

4. 债券的收益来源于两个方面：利息收入和售价（到期偿还额）。（　　）

5. 债券的当前收益率和票面收益率一样，不能全面地反映投资者的实际收益。（　　）

6. 由于债券投资只能按债券的票面利率得到固定的利息，所以公

司的盈利状况不会影响该公司债券的市场价格，但会影响该公司股票的价格。（　）

7. 如果市场利率上升，就会导致债券的市场价格上升。（　）

8. 一般情况下，股票市场价格会随着市场利率的上升而下降，随着市场利率的下降而上升。（　）

9. 如果股票市价低于股票价值，则股票投资的预期报酬率低于投资者要求的必要报酬率。（　）

10. 只要股利增长率固定不变，就可以用股利固定增长模型计算股利的现值之和。（　）

11. 优先股是公司发行的求偿权介于债券和普通股之间的一种混合证券，债券的估值方法也可用于优先股估值。（　）

12. 与固定报酬证券相比，普通股能有效地降低购买力风险。（　）

13. 由于股票的价格受到多种因素的影响，从而使得股票投资具有较大的风险。（　）

14. 一般而言，市场利率下降，债券价格下降；市场利率上升，债券价格上升。（　）

15. 投资于股票的未来现金流入包括两部分：预期股利收益和预期资本利得收益。（　）

16. 一般说来，企业进行股票投资风险要小于债券投资风险。（　）

17. 债权性证券与所有权证券相比，由于债权证券在企业破产时，其清偿权先于所有权证券，因此债权性证券承担的风险相对于所有权证券，其风险较小。（　）

18. 现行国库券的收益率为10%，平均风险股票的必要收益率为16%，某种股票的β系数为1.5，则该股票的预期报酬率应为19%。（　）

19. 当股票市场价格低于股票价值时，预期报酬率高于必要报酬率。（　）

20. 当票面利率大于市场利率时，债券发行时的价格大于债券的面值。（　）

五、简答题（共6题）

1. 影响债券价格的主要因素有哪些？

2. 证券投资的种类有哪些？

3. 简述证券投资的一般程序有哪些内容。

4. 股票的估值与债券的估值有什么异同点？

5. 债券与优先股的估价有什么相似之处？

6. 股票账面价值、市场价值和内在价值有什么不同？

六、计算题（共8题）

1. 有一张面值为1 000元的债券，票面利率为8%，每年支付一次利息，2×08年5月1日发行，2×13年4月30日到期。现在是2×11年4月1日，假设投资的必要报酬率为10%，问该债券的价值是多少？

2. 公司2×14年1月1日发行5年期债券，面值1 000元，票面利率10%，于每年的12月31日付息，到期时一次性还本。

要求：(1) 假定2×14年1月1日金融市场上与该债券同类风险的利率是9%，该债券的发行价应定为多少？

(2) 假定1年后该债券的市场价格为1 049.06元，该债券于2×15年1月1日的到期收益率是多少？

(3) 该债券发行4年后该公司被揭露出会计账目有欺诈嫌疑，这一不利消息使得该债券价格在2×18年1月1日由开盘的1 018.52元跌至900元，跌价后该债券的到期收益率是多少？（假定能够全部按时收回本息）

3. 某投资者准备投资购买股票，并长期持有。目前有两种股票可供选择：

甲股票目前的市价为每股9元，该公司采用固定股利政策，每股股利为1.2元，甲股票的必要收益率为12%；

乙股票目前的市价为每股8元，该公司刚刚支付的股利为每股0.8元，预计第1年的股利为每股1元，第2年和第3年的增长率均为4%，第4年和第5年的增长率均为3%，以后各年股利的固定增长率为2%；

已知无风险收益率为8%，市场上所有股票的平均收益率为13%，乙股票的β系数为1.2。

要求：(1) 计算甲股票的预期收益率；

(2) 计算乙股票的必要收益率；

(3) 计算乙股票目前的内在价值；

(4) 判断甲、乙股票是否值得购买；

(5) 计算甲股票的 β 系数；

(6) 假设投资者按照目前的市价，同时投资购买甲、乙两种股票各 100 股，计算该投资组合的 β 系数和风险收益率；

(7) 假设投资当日乙股票的开盘价为每股 7.8 元，收盘价为每股 8.2 元，计算乙股票的本期收益率。

4. 某公司准备购买面值为 1 000 元的公司债券，其票面利率为 9%。每年付息一次，离到期日还有 4 年，市场利率为 10%，该债券的市价为 950 元。

要求：(1) 计算并确定是否应当投资此债券；

(2) 如按照市价购买，该债券的实际收益率为多少？

5. A 公司每年股利为 1.20 元/股，以后每年股利维持在此水平，期望报酬率为 10%；B 公司今年预计股利为 1.10 元/股，以后每年股利增长率为 5%，期望报酬率为 12%；C 公司上年股利为 0.80 元/股，今后 3 年股利增长率为 16%，第 4 年起每年股利增长率为 6%，期望报酬率为 12%。

要求：计算上述公司股票的投资价值。

6. 有一面值为 1 000 元的债券，票面利率为 4%，单利计息到期一次还本付息，期限为 3 年，2×12 年 5 月 1 日发行，假设投资人要求的必要报酬率为 8%（复利，按年计息）。

要求：(1) 计算该债券在发行时的价值；

(2) 计算该债券在 2×13 年 5 月 1 日的价值；

(3) 假设 2×13 年 5 月 1 日以 900 元的价格购入，试计算到期收益率（复利，按年计息）。

7. 某债券面值为 1 000 万元，票面利率为 10%，期限为 5 年。每年计算并支付利息一次，到期一次还本。现在的市场利率为 12%。债券的发行价格为 950 万元。

要求：分析相关数据，判断企业是否应该购买该债券？

8. A 公司股票的 β 系数为 2.5，无风险利率为 6%，市场上所有股票的平均报酬率为 10%。

要求：（1）该股票的预期收益率是多少？

（2）若该股票为固定成长股，成长率为 6%，预计 1 年后的股利为 1.5 元/股，则该股票的价值为多少？

（3）若该股票未来 3 年股利零增长，每期股利为 1.5 元/股，预计从第 4 年起转为正常增长，增长率为 6%，则该股票的价值为多少？

7.6 推荐资源

若想进一步了解有价证券的价值评估方法及应用的读者，可以参阅：

[1]谢世飞．股票价值评估方法的发展演变[J]. 商业时代，2010(11).

[2]温玉杰，段云．王要武几种股票估价模型之比较[J]. 商业研究，2002(9).

[3]宋琛．Excel 构建股票估价模型[J]. 宿州教育学院学报，2009(1).

7.7 课外阅读书目

[1] 吉全贵．财务管理[M]．北京：经济科学出版社，1997.（第七章“对外投资管理”）

[2] 荆新，王化成，刘俊彦．财务管理学[M]．北京：中国人民大学出版社，1999.（第九章“对外长期投资”）

[3] 汪平，刘兴云．公司理财原理[M]．上海：上海财经大学出版社，1997.（第六章“风险与收益”）

[4] 中国注册会计师协会．财务成本管理[M]．北京：经济科学出版社，2014.（第十二章“对外投资管理”）

[5] 谷祺，刘淑莲．财务管理[M]．大连：东北财经大学出版社，2013.

[6] 范霍恩 J，瓦霍维奇 J. 现代企业财务管理[M]．郭浩，译．北京：经济科学出版社，1998.（第四章“长期证券的定价”）

7.8 用 Excel 解决本章问题

用 Excel 进行股票价值评估。

【例 7-1】现有 A、B 两只股票，有关资料如图 7-2 所示，现请用 Excel 建立一个计算两只股票的价值并判断是否具有投资价值的模型。

	A	B	C	D	E	F
1	已知条件					
2	A股票		B股票			
3	目前的股利（元/股）	2	第1年股利（元/股）			0.50
4	未来5年的股利增长率	20%	第2年股利（元/股）			1.00
5	5年以后的股利增长率	4%	第3年股利（元/股）			1.50
6	期望报酬率	15%	第4年股利（元/股）			2.00
7	目前的市价（元/股）	30	4年末出售的价格（元/股）			28.00
8			期望报酬率			15%
9			目前的市价（元/股）			25.00

图 7-2　A、B 两只股票相关资料图

具体操作步骤如下：

（1）设计模型结构，如图 7-3 所示。

	A	B	C	D	E	F
1	已知条件					
2	A股票		B股票			
3	目前的股利（元/股）	2	第1年股利（元/股）			0.50
4	未来5年的股利增长率	20%	第2年股利（元/股）			1.00
5	5年以后的股利增长率	4%	第3年股利（元/股）			1.50
6	期望报酬率	15%	第4年股利（元/股）			2.00
7	目前的市价（元/股）	30	4年末出售的价格（元/股）			28.00
8			期望报酬率			15%
9			目前的市价（元/股）			25.00
10						
11	计算结果					
12	年份	1	2	3	4	5
13	A股票的股利（元/股）	2.40	2.88	3.46	4.15	4.98
14	固定增长股的价值（元/股）					47.05
15	A股票的价值（元/股）	34.78	A股票是否有投资价值		有	
16	B股票的价值（元/股）	19.33	B股票是否有投资价值		无	

图 7-3　模型结构及计算结果图

（2）在单元格 B13 中输入公式“= $B $ $3* （1+ $B $4）^ B12”，并将其复制到单元格区域“C13：F13”；

（3）在单元格 F14 中输入公式“=F13* （1+B5）/（B6-B5）”；

（4）在单元格 B15 中输入公式“=NPV（B6，B13：F13）+F14/（1+B6）^F12”；

（5）在单元格 C15 中输入公式“=IF（B7<B15，“有”，“无”）”；

（6）在单元格 B16 中输入公式“=NPV（F8，F3：F6）+F7/（1+F8）^E12”；

（7）在合并单元格 C16 中输入公式“=IF（F9<B16，“有”，“无”）”；

（8）结论：A 股票具有投资价值，计算结果如图 7-3 所示。

第 8 章　营运资金管理

8.1　本章框架

通过本章的学习，要求熟悉营运资金的含义和特点；熟悉现金日常管理的内容和方法。了解应收账款日常管理的内容。掌握现金的持有动机和成本；掌握最佳现金持有量的计算；掌握应收账款的功能与成本；掌握信用政策的构成与决策；掌握存货的功能和成本；掌握存货的控制方法。

本章基本架构图如图 8-1 所示。

- 营运资金管理政策
  - 营运资金持有政策
    - 激进的营运资本持有政策
    - 适中的营运资本持有政策
    - 保守的营运资本持有政策
  - 营运资金筹集政策
    - 保守的筹集政策
    - 激进的筹集政策
    - 配合的筹集政策
- 现金管理
  - 持有现金的动机
    - 交易动机
    - 预防动机
    - 投机动机
  - 持有现金的资本
    - 机会成本
    - 管理成本
    - 短缺成本
    - 转换成本
  - 最佳现金持有量的确定
    - 成本分析模型
    - 存货模型
    - 随机模型
- 应收账款管理
  - 持有应收账款的成本
    - 机会成本
    - 坏账损失成本
    - 收账成本
    - 现金折扣成本
  - 应收账款信用政策选择
    - 信用标准选择
    - 信用条件选择
      - 信用期间选择
      - 现金折扣政策选择
    - 收账政策选择
- 存货管理
  - 持有存货的成本
    - 订货成本
    - 储存成本
    - 短缺成本
  - 存货经济批量模型
    - 经济批量基本模型
    - 经济批量拓展模型
  - 存货储存期控制
  - 存货 ABC 管理法
- 短期负债管理
  - 短期借款
  - 商业信用
  - 短期融资券
    - 短期融资券的概念
    - 短期融资券发行条件
    - 短期融资券筹资评价

图 8-1　本章基本架构图

8.2 内容提要

营运资金管理内容应当包括流动资产的管理、流动负债的管理以及流动资产与流动负债的协同管理。其中，流动资产管理包含资金管理、应收账款管理和存货管理三个主要方面；流动负债的管理包含自然性融资管理和协议性融资管理两个主要方面。大致关系如图 8-2 所示。

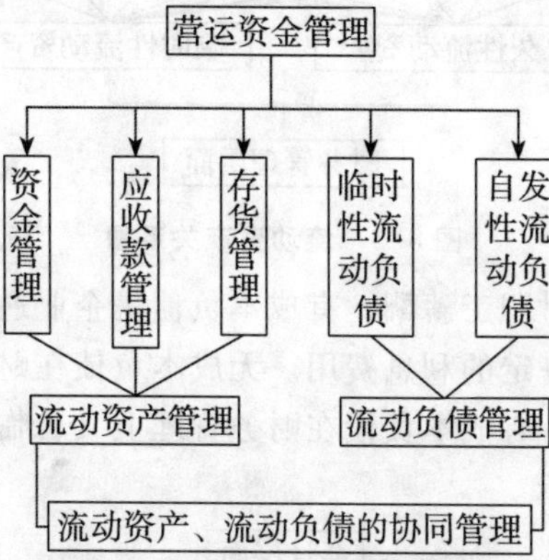

图 8-2 营运资金管理关系图

（1）流动资产是指可以在 1 年以内或超过 1 年的一个营业周期内收回或变现的资产，它是企业总资产的重要组成部分。企业拥有一定的流动资产是为了保证企业生产经营活动的正常进行，或在一定程度上降低财务风险，它是企业开展正常生产和交易活动的前提。它一般分为货币资金、应收票据、应收账款、预付账款、其他应收款、存货、待摊费用等。在财务管理层面，为了进行流动资产的筹资管理，流动资产一般按其性质分为永久性流动资产（即满足企业长期最低需要的那部分流动资产）和临时性流动资产（即随季节性需求而变化的那部分流动资产），其相互关系如图 8-3 所示。

（2）流动负债是企业总负债中的一个组成部分，它是指要求在 1 年内或者不超过 1 年的一个营业周期内偿付的债务。在会计层面，企业的流动负债一般分为短期借款、应付账款、预收账款、其他应付款、应付职工薪酬、应付福利、应缴税费及应计费用等。流动负债按其取得是否有成本分为，无成本负债即在企业一定时期获得的短期负债资金来源

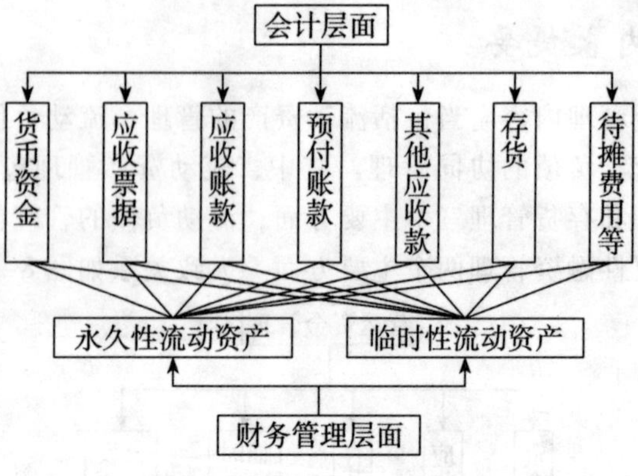

图 8-3　流动资产关系图

中自然形成的如应付职工薪酬；有成本负债是企业通过一定的筹资行为获得的，并要支付一定的利息费用。无成本负债在财务管理上又常被称为自发性流动负债。有成本负债在财务管理上又名临时流动负债。它们的关系如图 8-4 所示。

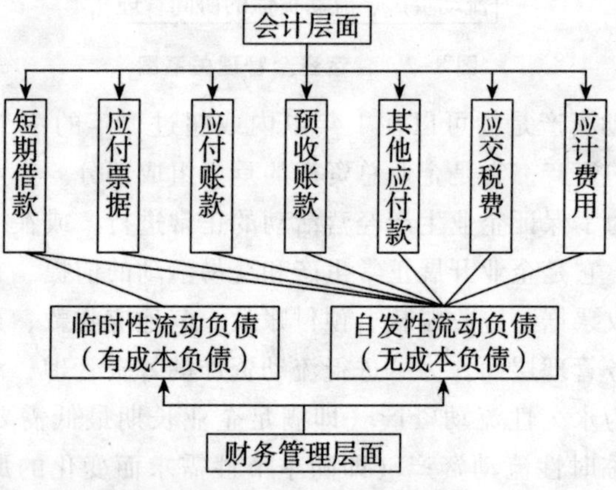

图 8-4　流动负债关系图

主要知识点：

1. 现金的持有动机主要有：交易动机、预防动机及投机动机。

2. 现金的成本通常由持有成本、转换成本及短缺成本组成。

3. 最佳现金持有量的确定模式有：成本分析模式、存货模式及现金周转模式。

4. 现金日常管理的基本内容包括现金回收管理和现金支出管理。现金回收管理的方法有邮政信箱法和银行业务集中法；现金支出管理的方法有：合理利用“浮游量”、推迟支付应付款、采用汇票付款和改进支付方式。

5. 应收账款主要有促进销售和减少存货的功能。

6. 应收账款的成本有机会成本、管理成本和坏账成本。

7. 机会成本的大小通常与企业维持赊销业务所需要的资金数量、资金成本率或有价证券利息率有关。

8. 信用条件是指企业接受客户信用订单时所提出的付款要求，主要包括信用期限、折扣期限及现金折扣等。

9. 存货的功能主要表现在：避免停工待料、适应市场变化、降低进货成本及维持均衡生产。

10. 存货的成本包括：进货成本、储存成本和缺货成本。

11. 存货的控制方法主要包括：存货经济批量模型、存货储存期控制、存货 ABC 分类控制。

12. 存货的经济订货量模型分为基本模型、实行数量折扣的经济批量模式、允许缺货时的经济进货模式。

8.3 重点与难点解析

一、机会成本

机会成本是指企业因持有一定现金余额而增加的管理费用及丧失的投资收益。这种投资收益是企业不能同时用该现金进行有价证券投资所产生的收益，与现金持有量成正比例关系：

机会成本 = 现金持有量×有价证券利率

二、存货模型

着眼点是现金相关成本之和最低。这种模型没有考虑现金的管理成本和短缺成本。这是因为在一定的范围内，现金的管理成本属于固定成本，与现金持有量一般没有关系，在存货模型中将其视为无关成本，又由于短缺成本的发生有很大的不确定性，并且其成本往往无法计量，在此也不予考虑。在存货模型中只对转换成本和机会成本予以考虑。

机会成本和转换成本随着现金持有量的变动呈现出相反的变动趋

势，如果现金持有量大，则现金的机会成本高，转换成本低；反之现金持有量小，则现金的机会成本低，转换成本高。两种成本合计最低条件下的现金余额即为最佳现金余额。存货模型的目的就是求出这一最佳现金余额。

总成本＝机会成本+转换成本

$$TC=\frac{N}{2}\times i+\frac{T}{N}\times b$$

其中：TC——现金管理总成本

N——理想现金转换数量（最佳现金余额）

N/2——平均现金持有量

i——有价证券的利息率

T——现金需要总量

b——现金与有价证券的转换成本

T/N——现金与有价证券的转换次数

对自变量 N 求一阶倒数，可求出令总成本 TC 最小的 N 的值，即：

$$TC'=\left(\frac{N}{2}\times i+\frac{T}{N}\times b\right)'=\frac{i}{2}-\frac{Tb}{N^2}$$

令 TC′＝0，则有：

$$\frac{i}{2}=\frac{Tb}{N^2}$$

由此可得，最佳现金余额为：

$$N=\sqrt{\frac{2Tb}{i}}$$

三、最佳现金持有量确定的三种方法

（1）成本分析模式。根据现金有关成本，分析预测其总成本最低时现金持有量的一种方法。

特点：只考虑因持有一定量的现金而产生的持有成本和短缺成本，而不考虑转换成本。

具体步骤：首先测算各备选方案的有关成本数值；然后计算各方案的持有成本和短缺成本之和，即总成本；最后选出总成本最低时的现金持有量，即最佳现金持有量。

（2）存货模式。将存货经济订货批量模型用于确定目标现金持有量。

原理：持有现金的机会成本与证券变现的交易成本相等时，现金管理的总成本最低，此时的现金持有量为最佳现金持有量。

（3）现金周转期模式。从现金周转的角度出发，根据现金的周转速度来确定最佳现金持有量。

四、经济批量基本模型的假设

（1）需求量稳定且能够准确预测；

（2）所需存货市场供应充足，并能够集中到货；

（3）没有缺货成本；

（4）没有固定的订货成本和固定的储存成本；

（5）存货供应稳定且单价不变；

（6）仓储条件及所需资金不受限制，不会因为仓储和资金问题影响进货。

在满足以上假设的前提下，不同的成本项目与进货批量呈现出不同的变动关系。减少进货批量，增加进货次数，在降低储存成本的同时，也会导致订货成本与缺货成本的提高；相反，增加进货批量，减少进货次数，虽然降低了订货成本与缺货成本，但同时增加了储存成本。因此，如何协调各项成本之间的关系，使总成本保持最低，是企业组织进货过程需解决的主要问题。

8.4 本章主要公式

1. 最佳现金持有量确定的存货模型

$$N=\sqrt{\frac{2Tb}{i}}$$

其中：N——理想现金转换数量（最佳现金余额）

T——现金需要总量

b——现金与有价证券的转换成本

i——有价证券的利息率

2. 最佳现金持有量确定的随机模型（又称“米勒—欧尔模型”）

$$R=L+\sqrt[3]{\frac{3b\delta^2}{4i}}$$

其中：R——最佳现金余额

L——现金余额的下限

b——证券交易成本

i——有价证券的日收益率

δ——预期每日现金余额变化的标准离差

下限L的确定要受到企业每日的最低现金需要、管理人员的风险承受倾向等因素的影响，上限的计算公式为：

$$H=3R-2L$$

其中：H——现金余额的上限

R——最佳现金余额

L——现金余额的下限

3. **应收账款决策**

应收账款机会成本=维持赊销业务所需资金×资金成本率

维持赊销业务所需资金=应收账款平均余额×变动成本率

应收账款平均余额=日赊销额×平均收账天数=（年赊销额/360）×平均收账天数

4. **存货管理**

经济批量（Q）$=\sqrt{\frac{2AF}{C}}$

经济批数（$\frac{A}{Q}$）$=\sqrt{\frac{AC}{2F}}$

总成本（TC）$=\sqrt{2AFC}$

其中：A——全年存货需要量

Q——每批订货量

F——每批订货成本

C——单位存货的年储存成本

TC——全年总成本

8.5 章节自测习题

一、名词解释（共15题）

1. 营运资本
2. 短期融资

9. 5C评估法
10. 信贷额度

3. 短期金融资产
4. 银行信用
5. 现金持有成本
6. 现金转换成本
7. 信用标准
8. 信用条件
11. 经济批量
12. 保险储备
13. 再订货点
14. 订货成本
15. 储存成本

二、单项选择题（共25题）

1. 下列属于短期资产的特点的是(　　)。

A. 占用时间长、周转快、易变现

B. 占用时间短、周转慢、易变现

C. 占用时间短、周转快、易变现

D. 占用时间长、周转快、不易变现

2. 在资产总额和筹资组合都保持不变的情况下，如果固定资产增加，则短期资产减少，而企业的风险和盈利会(　　)。

A. 不变　　B. 增加

C. 一个增加，另一个减少　　D. 不确定

3. 下列关于现金的说法中不正确的是（　　）。

A. 现金是指可以立即用来购买物品，支付各项费用或用来偿还债务的交换媒介或支付手段

B. 现金主要包括库存现金、银行活期及定期存款

C. 现金是流动资产中流动性最强的资产，可直接支用，也可立即投入流通

D. 拥有较多现金的企业具有较强的偿债能力和承担风险的能力

4. 现金余缺是指(　　)与最佳现金余额相比之后的差额。

A. 预计现金收入　　B. 预计现金支出

C. 计划期现金期末余额　　D. 计划期现金期初余额

5. 下列项目中，不属于现金持有动机的是(　　)。

A. 派发现金股利　　B. 支付工资

C. 缴纳所得税　　D. 购买股票

6. 在各种持有现金的动机中，属于应付未来现金流入和流出随机波动的动机是(　　)。

A. 交易动机　　　　　　　　B. 预防动机

C. 投机动机　　　　　　　　D. 长期投资动机

7. 企业在确定为应付紧急情况而持有的现金数额时，不需考虑的因素是(　　)。

A. 企业愿意承担风险的程度　　B. 企业临时举债能力的强弱

C. 金融市场投资机会的多少　　D. 企业对现金流量预测的可靠程度

8. 在一定时期现金需求总量一定的情况下，同现金持有余额成反比的是(　　)。

A. 变动性转换成本　　　　　B. 固定性转换成本

C. 现金管理费用　　　　　　D. 现金机会成本

9. 采用存货模式确定现金最佳持有量时，应考虑的成本因素是(　　)。

A. 管理成本和转换成本　　　B. 机会成本和转换成本

C. 机会成本和短缺成本　　　D. 持有成本和短缺成本

10. 利用成本分析模式确定最佳现金持有量时，不予考虑的因素是(　　)。

A. 持有现金的机会成本　　　B. 现金短缺成本

C. 现金与有价证券的转换成本　D. 现金管理费用

11. 利用邮政信箱法和银行业务集中法进行现金回收管理的共同优点是(　　)。

A. 可以缩短支票的邮寄时间　B. 可以降低现金管理成本

C. 可以减少收账人员数量　　D. 可以缩短发票的邮寄时间

12. 下列各项中，不属于应收账款成本构成要素的是(　　)。

A. 机会成本　　　　　　　　B. 管理成本

C. 坏账成本　　　　　　　　D. 短缺成本

13. 在下列费用中，属于应收账款机会成本的是(　　)。

A. 收账费用　　　B. 因投资于应收账款而丧失的利息收入

C. 坏账损失　　　D. 对顾客信用进行调查而支出的费用

14. 应收账款基于商业信用而产生，存在无法收回的可能性，由此而给应收账款持有企业带来的损失属于(　　)。

A. 管理成本　　　　　　　　B. 坏账成本

C. 短缺成本　　　　　　　　D. 机会成本

15. 下列各项中，企业制订信用标准时不予考虑的因素是(　　)。

A. 同行业竞争对手的情况　　B. 企业自身的资信程度

C. 客户的资信程度　　　　　D. 企业承担违约风险的能力

16. 下列各项中，不属于信用政策的是(　　)。

A. 信用标准　　　　　　　　B. 信用条件

C. 收款政策　　　　　　　　D. 现销政策

17. 应收账款的信用标准通常以(　　)指标来表示。

A. 应收账款收现保证率　　　B. 客户的资信程度

C. 应收账款周转率　　　　　D. 预期的坏账损失率

18. 给定的信用条件为“1/10，N/30”的含义为(　　)。

A. 付款期限为10天，现金折扣为1%，信用期限为30天

B. 信用期限为30天，现金折扣为1/10

C. 赊销期限为30天，如果在10天内付款，可享受1%的现金折扣

D. 如果在10天内付款，可享受10%的现金折扣，否则应在30天内按全额付清

19. 在影响客户资信程度的因素中，(　　)是决定企业是否给予客户信任的首要因素。

A. 资本　　　　　　　　　　B. 经济状况

C. 偿付能力　　　　　　　　D. 信用品质

20. 下列各项中，不属于信用条件构成要素的是(　　)。

A. 信用期限　　　　　　　　B. 现金折扣

C. 现金折扣期　　　　　　　D. 商业折扣

21. 下列项目中属于存货储存成本的是(　　)。

A. 进货差旅费　　　　　　　B. 存货储存利息成本

C. 由于材料中断造成的停工损失　D. 入库检验费

22. 下列属于缺货成本的是(　　)。

A. 存货残损霉变损失

B. 储存存货发生的仓储费用

C. 存货的保险费用

D. 产品供应中断导致延误发货的信誉损失

23. 基本经济进货批量模式所依据的假设不包括(   )。

A. 一定时期的进货总量可以准确预测

B. 存货进价稳定

C. 存货耗用或销售均衡

D. 允许缺货

24. 实行数量折扣的经济进货批量模式所应考虑的成本因素是(   )。

A. 进货费用和储存成本

B. 进货成本和储存成本

C. 进价成本和储存成本

D. 进货费用、储存成本和缺货成本

25. 有关适时制的说法，不正确的是(   )。

A. 适时制起源于日本

B. 在适时制下，企业只有在使用该材料前才要求供应商送货，从而将存货数量减至最少

C. 在适时制下，库存没有替代品，其所生产的每一个零部件都必须是合格品

D. 适时制在按订单生产的制造业中使用得最为广泛

三、多项选择题（共20题）

1. 企业持有现金的动机有(   )。

A. 交易动机　　B. 预防动机

C. 投机动机　　D. 维持补偿性余额

E. 满足将来某一特定要求

2. 企业为维持预防动机所需要的现金余额主要取决于(   )。

A. 企业对现金流量预测的可靠程度

B. 企业临时的举债能力

C. 企业愿意承担的风险程度

D. 企业在金融市场上的投资机会

E. 购买原材料

3. 企业为交易动机持有的现金可用于(   )。

A. 缴纳税款　　B. 派发股利

C. 证券投机　　　　D. 灾害补贴

E. 发放工资

4. 在实际工作中，企业缩短现金回收时间的方法包括(　　)。

A. 邮政信箱法　　　　B. 银行业务集中法

C. 电汇　　　　D. 减少不必要的银行账户

E. 企业内部往来多边结算

5. 为了提高现金使用效率，企业应当(　　)。

A. 加速收款

B. 尽可能使用支票付款，而少用汇票付款

C. 尽可能使用现金浮游量

D. 改进工资的支付方式

E. 尽可能推迟付款

6. 企业运用存货模式确定最佳现金持有量所依据的假设包括(　　)。

A. 所需现金只能通过向银行借款取得

B. 预算期内现金需要总量可以预测

C. 现金支出过程比较稳定

D. 证券利率及转换成本可以知悉

E. 所需的现金可通过证券变现取得

7. 下列与现金持有量呈负相关的成本是(　　)。

A. 持有成本　　　　B. 转换成本

C. 短缺成本　　　　D. 交易成本

E. 机会成本

8. 在下列现金持有方案中，(　　)方案为最佳。

A. 投资成本为 3 000 元，管理成本为 20 000 元，短缺成本为 12 000元

B. 投资成本为 6 000 元，管理成本为 20 000 元，短缺成本为 6 750元

C. 投资成本为 9 000 元，管理成本为 20 000 元，短缺成本为 3 500元

D. 投资成本为 12 000 元，管理成本为 20 000 元，短缺成本为 0 元

E. 投资成本为 2 000 元，管理成本为 10 000 元，短缺成本为 20 000元

9. 应收账款成本包括（　　）。

A. 机会成本　　B. 管理成本

C. 坏账成本　　D. 边际成本

E. 交易成本

10. 应收账款的管理成本主要包括(　　)。

A. 调查顾客信用情况的费用

B. 坏账费用

C. 因投资应收账款而丧失的利息收入

D. 收账费用

E. 应收账款账簿记录费用

11. 下列各项中，属于信用政策的有(　　)。

A. 信用条件　　B. 信用标准

C. 收账政策　　D. 现销政策

E. 机会投资

12. 企业在制定或选择信用标准时应考虑的要素有(　　)。

A. 同行业竞争对手的情况　　B. 客户的资信程度

C. 客户承担风险的能力　　D. 企业承担违约风险的能力

E. 企业的资信程度

13. 信用条件的组成要素有(　　)。

A. 信用期限　　B. 现金折扣期

C. 现金折扣　　D. 商业折扣

E. 管理成本

14. 对信用标准进行定量分析的目的在于(　　)。

A. 确定信用期限

B. 确定折扣期限和现金折扣

C. 确定客户拒付账款的风险，即坏账损失率

D. 确定客户的信用等级，作为给予或拒绝信用的依据

E. 经济状况

15. 存货在企业生产经营过程中所具有的作用主要有(　　)。

A. 适应市场变化　　B. 维持连续生产

C. 降低储存成本　　D. 维持均衡生产

E. 降低进货成本

16. 存货成本包括(　　)。

A. 进货成本　　B. 储存成本

C. 缺货成本　　D. 进价成本

E. 销售成本

17. 下列属于存货决策相关成本的是(　　)。

A. 进价成本　　B. 固定性进货费用

C. 变动性储存成本　　D. 变动性进货费用

E. 固定性储存成本

18. 在针对存货管理的 ABC 法中，对存货进行分类的标准包括(　　)。

A. 数量标准　　B. 质量标准

C. 重量标准　　D. 金额标准

E. 体积标准

19. 有关保险储备，下列说法中正确的有（　　）。

A. 保险储备是为防止存货使用量突增或交货期延误等不确定情况所持有的存货储备

B. 保险储备的存在会影响经济批量的计算

C. 保险储备的存在会影响再订货点的确定

D. 保险储备的水平由企业预计的最大日消耗量和最长收货时间确定

E. 当保险储备增加所带来的缺货成本下降的幅度大于储存成本上升的幅度时，增加保险储备是有利的

20. 适时制的成功与否取决于以下几个因素(　　)。

A. 计划要求　　B. 与供应商的关系

C. 准备成本　　D. 其他成本因素

E. 电子数据交换

四、判断题（共 20 题）

1. 企业在正常生产经营秩序下应当保持一定的现金支付能力为交易动机。　　(　)

2. 现金的短缺成本随现金持有量的增加而增加，随现金持有量的减少而减少，即与现金持有量正相关。（ ）

3. 由于各种动机所需的现金可以调节使用，企业持有的现金总额并不等于各种动机所需的现金余额的简单相加。（ ）

4. 持有现金的机会成本与证券变现的交易成本相等时，现金管理成本最低。（ ）

5. 应收账款的信用条件包括信用期限、折扣期限和收账政策。（ ）

6. 收账费用与坏账损失之间为反向变动关系，发生的收账费用越多，坏账损失就越小。因此，企业应不断增加收账费用，以便将坏账损失降低到最小。（ ）

7. 一般而言，应收账款的逾期时间越长，发生坏账的可能性就越大。（ ）

8. 进货费用有一部分与订货次数有关，如差旅费、邮资和电报费等。（ ）

9. 变动性储存成本随着存货存储数额的增加成反比例变动。（ ）

10. 能够使企业的进货费用、储存成本和缺货成本之和最低的进货批量，便是经济进货批量（ ）

11. 现金持有成本与现金余额成正比，而现金转换成本与现金余额成反比。（ ）

12. 在存货模型中，使现金持有成本和现金转换成本之和最低的现金余额即为最佳现金余额。（ ）

13. 企业控制应收账款的最好方法是拒绝向具有潜在风险的客户赊销商品，或将赊销的商品作为附属担保品进行有担保销售。（ ）

14. 赊销是扩大销售的有力手段之一，企业应尽可能放宽信用条件，增加赊销量。（ ）

15. 应收账款管理的基本目标，就是尽量减少应收账款的数量，降低应收账款投资的成本。（ ）

16. 企业加速收款的任务不仅是尽量使顾客早付款，而且要尽快地使这些付款转化为可用现金。（ ）

17. 收账费用支出越多，坏账损失越少，两者是线性关系。（ ）

18. 要制定最优的信用政策，应把信用标准、信用条件、收账政策结合起来，考虑其综合变化对销售额、应收账款机会成本、坏账成本和收账成本的影响。（ ）

19. 订货成本的高低取决于订货的数量。（ ）

20. 在进行存货规划时，保险储备的存在会影响经济订货批量的计算，同时会影响再订货点的确定。（ ）

五、简答题（共10题）

1. 简述营运资本管理的原则有哪些。
2. 简述现金管理的目标和内容。
3. 简述现金日常管理控制的主要方法有哪些。
4. 试述存货的功能与成本有哪些。
5. 简述应收账款的功能和成本有哪些。
6. 什么是5C评估法？
7. 简述存货ABC分类管理的步骤。
8. 简述补偿性余额的相关内容。
9. 简述周转信贷协定。
10. 简述商业信用融资的优缺点有哪些。

六、计算题（共7题）

1. 某企业现有A、B、C三种现金持有方案，有关成本资料见表8-1。

表8-1　　A、B、C三种现金持有方案资料表　　金额单位：元

项目	A	B	C
现金持有量	20 000	60 000	80 000
机会成本率	10%	10%	10%
管理费用	4 000	4 000	4 000
短缺成本	6 600	2 400	0

要求：用成本分析模式计算该企业的现金最佳持有量。

2. 某公司有价证券的年利率为10.8%，每次证券交易的成本为5 000元，公司认为任何时候其银行活期存款及现金余额都不能低于2 000元，又根据以往的经验测算出现金余额波动的标准离差为100元。

要求：计算该公司的最佳现金持有量和现金持有量的最高上限。

3. 假设某企业预测的年度赊销收入净额为100 000元，应收账款周转期为90天，变动成本率为70%，资金成本率为10%。

要求：计算该企业应收账款的机会成本。

4. 某公司本年度需耗用某材料36 000千克，该材料采购成本为200元/千克，年度储存成本为16元/千克，平均每次进货费用为20元。

要求：（1）计算本年度某材料的经济进货批量；

（2）计算本年度某材料经济进货批量下的相关总成本；

（3）计算本年度某材料经济进货批量下的平均资金占用额；

（4）计算本年度某材料最佳进货批次。

5. 某企业全年需从外购入甲零件2 000件，每批进货费用400元，单位零件的年储存成本为10元，该零件每件的价格为12元。销售企业规定：客户每批购买量不足1 000件时，按标准价格计价，每批购买量超过1 000件时，价格优惠10%。

要求：试计算该企业进货批量为多少时成本最低。

6. 某企业平均每天消耗甲材料30千克，预计每天最大消耗量为50千克。甲材料从发出订单到货物验收完毕平均需要10天，预计最长需要13天。

要求：计算甲材料的订货点。

7. 某企业只生产和销售一种产品，每年该产品的赊销额为240万元，该企业产品变动成本率为80%，资金利润率为25%。企业现有A、B两种收款政策可供选用。有关资料见表8-2。

表8-2　A、B两种收款政策资料表

项目	A政策	B政策
平均收账期（天）	60	45
坏账损失率	3%	2%
应收账款平均余额（万元）		
收账成本	—	—
应收账款机会成本（万元）		
坏账损失（万元）		
年催收账款费用（万元）	1.8	3.2
收账成本合计		

要求：（1）计算填列表中的空白部分（一年按360天计算）；

(2) 对上述收账政策进行决策，判断企业应选择哪种策略更为合理。

8.6 推荐资源

1. 想细致了解营运资金管理相关理论的读者可以参阅以下文献：

[1] 王竹泉. 国内外营运资金管理研究的回顾与展望[J]. 会计研究，2007 (2).

[2] 曹玉珊. 经营性营运资金管理效率与企业绩效的相关性——来自中国上市公司的经验证据[J]. 当代财经，2013 (8).

2. 想了解我国上市公司近年来营运资金管理现状的，可以参阅以下文献：

[1] 王竹泉，刘文静，高芳. 中国上市公司营运资金管理调查：1997—2006 [J]. 会计研究，2007 (12).

[2] 王竹泉，刘文静，王兴河，等. 中国上市公司营运资金管理调查：2007—2008 [J]. 会计研究，2009 (9).

[3] 王竹泉，孙莹，王秀华，等. 中国上市公司营运资金管理调查：2010 [J]. 会计研究，2011 (12).

[4] 王竹泉，孙莹，王秀华，等. 中国上市公司营运资金管理调查：2011 [J]. 会计研究，2012 (12).

3. 现金的管理是营运资金管理中的重要内容，想进一步了解现金管理的读者可以参阅：

[1] 张艳. 提升企业现金管理效率的策略与方法[J]. 财会研究，2011 (3).

[2] 谢志华. 关于现金管理的几个问题[J]. 会计之友（中旬刊），2010 (9).

[3] 李鹏峰，李延喜，冯宝军. 最佳现金持有量研究方法综述[J]. 财会月刊，2009 (21).

[4] 吴尚宗，张子辉. 最佳现金持有量预测：新随机模式[J]. 财会月刊，2011 (22).

[5] 吴尚宗. 最佳现金持有量成本分析模式之错弊分析[J]. 财会月刊，2011 (13).

[6] 谭桂荣．巧用 Excel 测算企业最佳现金持有量[J]．会计之友(中旬刊)，2010 (11)．

[7] 崔治文．米欧模型在最佳现金持有量确定中的应用及实证分析[J]．财会研究，2001 (6)．

4. 想深入了解应收账款管理的读者可以参阅以下文献：

[1] 李心合．客户选择与应收账款管理[J]．财务与会计，2008 (10)．

[2] 田志新．基于信用的企业应收账款管理问题研究[J]．财会研究，2008 (24)．

[3] 侯杰．应收账款事后管理研究[J]．财会通讯，2011 (20)．

[4] 赵建国．应收账款内部控制管理实践探讨——以江苏苏美达集团公司为例[J]．财会通讯，2011 (35)．

[5] 刘晓婕，周小梅．应收账款管理措施探讨：以 A 公司为例[J]．财会月刊，2011 (29)．

[6] 王全在．加强应收账款管理 减少企业风险[J]．商业研究，2002 (5)．

[7] 王全在．关于资信评估体系的设计[J]．前沿，2003 (11)．

[8] 张俊娟，王帅超．现金浮游量的调整与管理之我见[J]．财会月刊，2008 (9)．

5. 存货管理对于加速企业资金流转具有重要意见，想进一步了解这方面内容的读者可以参阅：

[1] 曹宇波，吴振峰．Excel 规划求解在存货管理中的应用[J]．财会月刊，2013 (2)．

[2] 董辉．基于 Excel 函数的存货管理模型设计和运用[J]．财会月刊，2013 (5)．

[3] 梅芳．浅谈零存货管理实施[J]．财会通讯，2013 (2)．

[4] 尤高会．企业存货管理“三大链条”分析及完善建议[J]．财会月刊，2011 (22)．

[5] 张金良．遗传算法在农产品存货管理中的应用[J]．安徽农业科学，2011 (26)．

[6] 靳文倩．JIT 存货管理的成本分析以及实现条件——以沃尔玛

公司为例[J]. 思想战线，2011（S1）.

[7] 李楠，任章璐，林莹. ABC分类法下存货周转率计算公式的修正[J]. 财会月刊，2011（8）.

[8] 降丽. 煤炭企业的存货管理[J]. 会计之友（下旬刊），2009（10）.

[9] 张永杰. 对短期借款利息支付方式的异议[J]. 财会月刊，2009（10）.

6. 短期融资主要是在企业经营过程中，基于信用而产生，合理地进行短期融资对降低企业融资成本具有重要作用，想细致了解这方面内容的读者可以参阅：

[1] 马勤. 企业短期借款成本及其信用风险分析[J]. 会计之友，2013（32）.

[2] 谭小平. 中国上市公司短期债务融资偏好动因解析[J]. 暨南学报（哲学社会科学版），2007（5）.

[3] 何秀贤. 如何选择现金折扣方案[J]. 财会通讯，2004（11）.

[4] 张远为，严飞. 商业信用产生动机研究综述[J]. 管理现代化，2013（4）.

[5] 葛学韬. 放弃现金折扣成本解读与质疑[J]. 会计之友（上旬刊），2007（10）.

8.7 课外阅读书目

[1] 徐春立. 中小企业经营财务分析[M]. 天津：天津人民出版社，2003.

[2] 王庆成，郭复初. 财务管理学[M]. 北京：高等教育出版社，2000.（第四章）

[3] 荆新，王化成，刘俊彦. 财务管理学[M]. 北京：中国人民大学出版社，1998.（第十一章）

[4] 刘志远. 财务管理[M]. 天津：南开大学出版社，2002.（第六章）

[5] 中国注册会计师协会. 财务成本管理[M]. 北京：经济科学

出版社，2003.（第六章、第七章）

[6] 罗斯．公司理财[M]．北京：机械工业出版社，2000.（第27—29章）

8.8 用 Excel 解决本章问题

1. 相关函数

（1）SQRT 函数

功能：返回正平方根，语法为 SQRT（NUMBER），其中，NUMBER 为要计算平方根的参数，如果参数 NUMBER 为负值，则函数 SQRT 会返回错误值“#NUM!”。

（2）规划求解

功能：借助“规划求解”，可求得工作表上某个单元格（被称为目标单元格）中公式（公式：单元格中的一系列值、单元格引用、名称或运算符的组合，可生成新的值，公式总是以等号开始）的最优值。

2. 用 Excel 进行短期融资决策

【例 8-1】某企业打算购进一批原材料，发票金额为 60 000 元，供应商提出的信用条件是“2/20，N/30”，请计算该企业分别在第 15 天、第 25 天、第 30 天和第 50 天付款时报实际付款额和放弃折扣成本率。

用 Excel 进行短期融资决策的具体操作步骤如下：

（1）建立分析模型如图 8-5 所示；

	A	B	C	D
1	已知条件			
2	材料发票金额(元)	60000	折扣期限(天)	20
3	信用期限(天)	30	现金折扣率	2%

图 8-5 分析模型图

（2）在单元格 B6 中输入公式“=IF（A6<=$D$2，$B$2*(1-$D$3))”，并将单元格 B6 向下复制到单元格“B7：B9”区域，计算出各期间的付款金额；

（3）在单元格 C6 中输入公式“=IF（A6<=$D$2，0，$D$3/(1-$D$3)*365/（A6-$D$2))”，并将单元格 C6 向下复制到单元格区域“C7：C9”，计算出各期间的放弃折扣成本率，具体结果如图

8-6所示；

	A	B	C	D
1	已知条件			
2	材料发票金额(元)	60000	折扣期限(天)	20
3	信用期限(天)	30	现金折扣率	2%
4	放弃现金折扣的资金成本			
5	付款日期(天)	付款金额	年资金成本率	
6	15	58800	0.00%	
7	25	60000	148.98%	
8	30	60000	74.49%	
9	50	60000	24.83%	

图 8-6　计算结果图

（4）结论：从计算结果可以看出，企业超过折扣期限后付款，要承担很高的资本成本。一旦放弃现金折扣，付款期越晚，资金成本越低，但若超过 50 天的信用期再付款，尽管可以降低资金成本，但同时也损害了企业的信誉，因此，企业放弃现金折扣后，明智的做法是在信用期最后一天，即第 50 天付款，这样既可以降低资金成本又可以不影响企业的信誉。

3. 用 Excel 进行最佳现金持有量的分析

【例 8-2】某企业有 4 种现金持有方案，具体资料见表 8-3。机会成本率为 10%。

表 8-3　　**现金持有方案表**　　单位：元

现金持有方案	方案 A	方案 B	方案 C	方案 D
现金持有量	30 000	60 000	90 000	120 000
机会成本	3 000	6 000	9 000	12 000
管理成本	5 000	5 000	5 000	5 000
短缺成本	15 000	8 000	2 000	0

要求：请采用成本分析模式进行最佳现金持有量的分析。

用 Excel 进行最佳现金持有量分析的具体操作步骤如下：

（1）建立分析模型，如图 8-7 所示。

（2）选取单元格 B5：E8 区域，单击工具栏上的求和按钮，可求得各方案的现金总成本。

	A	B	C	D	E
1	最佳现金持有量决策分析				
2					单位：元
3	现金持有方案	方案A	方案B	方案C	方案D
4	现金持有量	30000	60000	90000	120000
5	机会成本	3000	6000	9000	12000
6	管理成本	5000	5000	5000	5000
7	短缺成本	15000	8000	2000	0

图 8-7　分析模型图

（3）结论：方案 C 的总成本最低，所以 C 方案的现金持有量为最佳现金持有量。计算结果如图 8-8 所示。

	A	B	C	D	E
1	最佳现金持有量决策分析				
2					单位：元
3	现金持有方案	方案A	方案B	方案C	方案D
4	现金持有量	30000	60000	90000	120000
5	机会成本	3000	6000	9000	12000
6	管理成本	5000	5000	5000	5000
7	短缺成本	15000	8000	2000	0
8	现金持有总成本	23000	19000	16000	17000

图 8-8　计算结果图

4. 用 Excel 进行经济订货批量分析

【例 8-3】某企业全年需要甲材料 36 000 千克，每次订货费用为 800 元，原材料单价为 40 元，单位原材料的年储存成本为 10 元，请用 Excel 设计经济订货批量的模型。

具体操作步骤如下：

（1）建立存货的经济订货批量分析模型，如图 8-9 所示。

	A	B	C	D	E	F	G	H
1	初始的已知条件							
2	甲材料全年需要量（公斤）	36000	一次订货成本（元）		800	单位存货年储存成本（元）		10
3	模拟运算数据							
4	一次订货量（公斤）	2700	3000	3300	3600	3900	4200	4500
5	甲材料全年需要量（公斤）	30000	32000	34000	36000	38000	40000	
6	一次订货成本（元）	600	700	800	900	1000	1100	

图 8-9　分析模型图

（2）在单元格 C11 中输入任意大于零的初始值，比如“2 400”，然后在单元格 C10 中输入公式“＝B2/C11＊E2+C11/2＊H2”。

（3）执行“工具”菜单中的“规划求解”，系统弹出“规划求解参数”对话框，将目标单元格设置为“$C$10”，在“等于”区域中选中“最小值”，将可变单元各设置为“$C$11”，添加约束条件“$C$11>=0”，单击“求解”按钮（如图 8-10 所示），在系统弹出的“规划求解参数”对话框中单击“确定”按钮，即可求出最优经济批量。

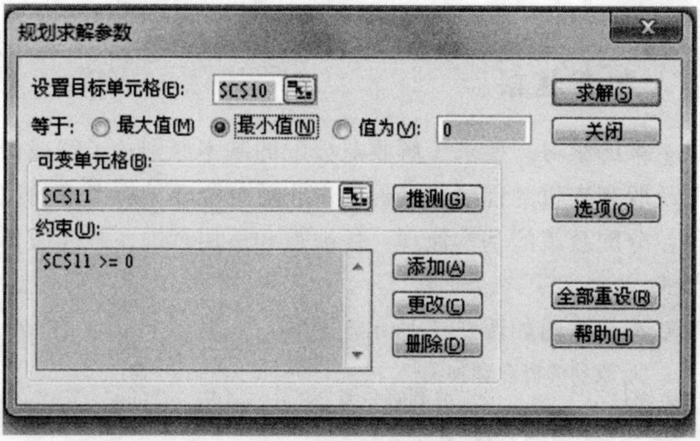

图 8-10　规划求解参数图

（4）用公式计算经济订货批量：在单元格 H9 中输入公式“=SQRT（2*B2*E2/H2）”。

（5）在单元格 H10 中输入公式“=B2/H9”。

（6）在单元格 H11 中输入公式“=SQRT（2*B2*E2*H2）”。

具体的计算结果如图 8-11 所示。

	A	B	C	D	E	F	G	H
1	初始的已知条件							
2	甲材料全年需要量（公斤）	36000	一次订货成本（元）		800	单位存货年储存成本（元）		10
3	模拟运算数据							
4	一次订货量（公斤）	2700	3000	3300	3600	3900	4200	4500
5	甲材料全年需要量（公斤）	30000	32000	34000	36000	38000	40000	
6	一次订货成本（元）	600	700	800	900	1000	1100	
7								
8	计算结果							
9	利用规划求解工具求解的结果			直接利用公式计算的经济订货批量（公斤）				2400
10	存货的相关总成本（元）——目标函数		24000	年最优订货次数（次）				15
11	经济订货批量（公斤）——可变单元格		2400	年最低订储成本（元）				24000

图 8-11　计算结果图

第 9 章 股利理论与政策

9.1 本章框架

通过本章的学习，要求了解收益分配的基本原则；了解股份公司中收益分配及股利支付的程序。掌握确定收益分配政策应考虑的因素；掌握各种收益分配政策的基本原理、优缺点和适用范围；掌握股份公司中的股利形式。

本章基本架构图如图 9-1 所示。

- 认识股利
  - 股利的概念和种类
  - 股利支付程序
    - 股利宣告日
    - 股利登记日
    - 除息日
    - 股利支付日
- 股利政策选择
  - 认识股利政策
  - 股利政策类型
    - 剩余股利政策
    - 稳定和稳定增长的股利政策
    - 低正常股利加额外股利政策
    - 固定股利支付率政策
  - 影响股利政策选择的因素
- 股票股利与股票分割
  - 股票股利
    - 股票股利的概念
    - 股票股利对公司的意义
    - 股票股利对股东的意义
  - 股票分割
    - 股票分割的概念
    - 股票分割对公司的意义
    - 股票分割对股东的意义
- 股票回购
  - 股票分割的概念
  - 股票回购的动机
  - 股票回购的方式
  - 股票回购的影响
    - 股票回购对公司的影响
    - 股票回购对股东的影响
- 股利理论
  - 股利无关论
    - 完全市场论
    - 股利剩余论
  - 股利相关论
    - “在手之鸟”理论
    - 股利税差理论
    - 客户效应理论
    - 信号传递理论
    - 代理理论

图 9-1 本章基本架构图

9.2 内容提要

1. 收益分配的基本原则

它们分别是依法分配原则、兼顾各方面利益原则、分配与积累并重原则、投资与收益对等原则。

2. 股份公司收益分配程序

(1) 弥补以前年度亏损；(2) 提取法定公积金；(3) 提取法定公益金；(4) 提取任意公积金；(5) 向投资者分配利润或股利。

3. 确定收益分配政策时应考虑的因素

(1) 公司因素。公司举债能力、未来投资机会、盈余稳定状况、资产流动状况、筹资成本和其他因素等。

(2) 股东因素。控制权考虑、避税考虑、稳定收入考虑、逃避风险考虑。

(3) 法律因素。资本保全约束、资本积累约束、偿债能力约束、超额累积利润约束。

(4) 其他因素。

4. 股份公司的股利形式

股份公司的股利形式有现金股利形式和股票股利形式。

9.3 重点与难点解析

1. 股利、股息、红利

股利这一术语所对应的英语单词为“dividend”，它在国内我们很难对其进行界定。因为除此之外，很多学者和文献对其还有另外两种叫法，即“股息”和“红利”。严格来说，“股息”、“红利”和“股利”这几个概念之间是有区别的，优先股股东按事先的约定，定期从上市公司获取数额一定的盈利就是股息，它通常是提前规定好的、已经确定的，股息的分配要优先于普通股红利的分配；向优先股的股东分完股息之后，上市公司再向普通股的股东所分配的剩余利润，就是红利，红利是不固定的，它是根据公司净利的多少来决定的，并且它必须后于公司股息的分配。

股利是比率不确定的股利，它主要指的是企业根据法定条件和程序从企业的税后利润或者可分配利润中抽取的向股东们支付的财产利益，企业向股东支付股利，主要是作为股东对企业投资的一种回报。根据股东的持股种类来分的话，股利有股息和红利这样两种形式。因此，“股息”、“红利”和“股利”是三个范畴完全不同的概念，股息和红利可以看成是股利的两种具体类型。另外，从字面上看“股利”可以看成“股息”和“红利”的缩写词。

2. 股利分配政策

股利分配政策见表 9-1。

表 9-1 **股利分配政策表**

政策名称	解释	优点	缺点
(1) 剩余股利政策	在公司有着良好的投资机会时，根据一定的目标资本结构，测算出投资所需的权益资本，先从盈余当中留用，然后将剩余的盈余作为股利予以分配	保持理想的资本结构，能利用筹资成本最低的资金来源，使综合资金成本最低	不利于股价稳定
(2) 固定股利政策	将每年发放的股利维持在一个固定的水平上并在较长的时期内保持不变，只有当公司认为未来盈余将会显著地、不可逆转地增长时，才提高年度的股利发放额	①稳定的股利向市场传递着公司正常发展的信息，有利于树立公司良好的形象，增强投资者对公司的信心，稳定股票的价格 ②有利于投资者安排股利收入和支出	缺点在于股利支付与盈余脱节时不能像剩余股利政策那样保持较低的资金成本
(3) 股利比例政策	该政策是公司确定一个股利占盈余的比率，长期按此比率支付股利的政策	使股利与公司盈余紧密地配合，以体现多盈多分，少盈少分，无盈不分的原则	各年的股利变动较大，极易造成公司不稳定的感觉，对于稳定股票价格不利
(4) 低正常股利加额外股利政策	一般情况下每年只支付一个固定的、数额较低的股利；在盈余较多的年份，再根据实际情况向股东发放额外股利	具有较大的灵活性；使那些依靠股利度日的股东每年至少可以得到比较稳定的股利收入（虽然股利金额较低），从而吸引住这部分股东	

9.4 章节自测习题

一、单项选择题

1. (　　)之后的股票交易，股票交易价格会有所下降。

A. 股利宣告日　　B. 除息（或除权）日

C. 股权登记日　　D. 股利支付日

2. 股票股利的优点不包括(　　)。

A. 可将现金留存在公司里用于追加投资

B. 股东乐于接受

C. 扩大股东权益

D. 传递公司未来经营效益的信号

3. (　　)要求企业在分配收益时必须按一定的比例和基数提取各种公积金。

A. 资本保全　　B. 偿债能力

C. 资本增值　　D. 资本积累

4. 一般来说，如果一家公司预期未来有较好的投资机会，且预期投资收益率大于投资者期望收益率时，则有可能采取(　　)的利润分配政策。

A. 宽松　　B. 较紧

C. 不紧　　D. 固定或变动

5. 在企业的净利润与现金流量不够稳定时，采用(　　)对企业和股东都是有利的。

A. 剩余股利政策　　B. 固定股利政策

C. 固定股利支付率政策　　D. 低正常股利加额外股利政策

6. 下列关于股票股利和股票分割的说法正确的是(　　)。

A. 股票股利和股票分割都能保持股东持股比例不变，股票市场价值总额不变

B. 股票股利和股票分割都能保持股票面值不变

C. 股票股利和股票分割都属于股利支付方式

D. 股票股利和股票分割都能保持所有者权益的结构不变

7. (　　)是领取股利的权利与股票分离的日期。

A. 股利宣告日　　　　　　　　　B. 股权登记日

C. 除权日　　　　　　　　　　　D. 股利支付日

8. 下列各项中属于影响发放现金股利多少的因素的是(　　)。

A. 投资者的偏好　　　　　　　　B. 经营业绩

C. 代理成本的多少　　　　　　　D. 传递公司的未来信息

9. (　　)主要用于职工住宅等集体福利设施支出。

A. 法定公积金　　　　　　　　　B. 任意公积金

C. 法定公益金　　　　　　　　　D. 资本公积金

10. (　　)适用于经营比较稳定或正处于成长期、信誉一般的公司。

A. 剩余股利政策　　　　　　　　B. 固定股利政策

C. 固定股利支付率政策　　　　　D. 低正常股利加额外股利政策

11. (　　)体现了投资风险与投资收益的对称性。

A. 剩余股利政策　　　　　　　　B. 固定股利政策

C. 固定股利支付率政策　　　　　D. 低正常股利加额外股利政策

12. (　　)有利于优化资本结构，降低综合资本成本，实现企业价值的长期最大化。

A. 剩余股利政策　　　　　　　　B. 固定股利政策

C. 固定股利支付率政策　　　　　D. 低正常股利加额外股利政策

13. 认为在完全资本市场的条件下，股利完全取决于投资项目需用盈余后的剩余，投资者对于盈利的留存或发放股利毫无偏好的股利理论是(　　)。

A. 代理理论　　　　　　　　　　B. 信号传递理论

C. MM 理论　　　　　　　　　　 D. 税收效应理论

14. 下列各项中(　　)不属于确定利润分配政策的公司因素的内容。

A. 举债能力　　　　　　　　　　B. 偿债能力

C. 未来投资机会　　　　　　　　D. 盈余稳定状况

15. 利润分配的基本原则中，(　　)是正确处理投资者利益关系的关键。

A. 依法分配原则　　　　　　　　B. 兼顾各方面利益原则

C. 分配与积累并重原则　　　D. 投资与收益对等原则

16. 在下列股利分配政策中，能保持股利与利润之间一定的比例关系，并体现风险投资与风险收益对等原则的是(　　)。

A. 剩余股利政策　　　B. 固定股利政策

C. 固定股利比例政策　　　D. 正常股利加额外股利政策

17. 我国上市公司不得用于支付股利的权益资金是(　　)。

A. 资本公积　　　B. 任意盈余公积

C. 法定盈余公积　　　D. 上年未分配利润

18. 上市公司按照剩余股利政策发放股利的好处是(　　)。

A. 有利于公司合理安排资本结构

B. 有利于投资者安排收入与支出

C. 有利于公司稳定股票的市场价格

D. 有利于公司树立良好的形象

19 如果上市公司以其应付票据作为股利支付给股东，则这种股利的支付方式称为(　　)。

A. 现金股利　　　C. 财产股利

B. 股票股利　　　D. 负债股利

20. 在下列公司中，通常适合采用固定股利政策的是(　　)。

A. 收益显著增长的公司　　　B. 收益相对稳定的公司

C. 财务风险较高的公司　　　D. 投资机会较多的公司

21. 相对于其他股利政策而言，既可以维持股利的稳定性，又有利于优化资本结构的股利政策是(　　)。

A. 剩余股利政策　　　B. 固定股利政策

C. 固定股利支付率政策　　　D. 低正常股利加额外股利政策

22. 下列各项中，不属于股票回购方式的是(　　)。

A. 用本公司普通股股票换回优先股

B. 与少数大股东协商购买本公司普通股股票

C. 在市场上直接购买本公司普通股股票

D. 向股东标购本公司普通股股票

二、多项选择题

1. 股利无关论的假设包括(　　)。

A. 完善的竞争　　　　　　B. 信息完备

C. 交易成本为零　　　　　D. 理性投资者

2. 关于股票分割对有关项目的影响表述正确的是(　　)。

A. 所有者权益的结构变化　　B. 每股市价降低

C. 所有者权益总额发生变化　D. 股东持股市场价值不变

3. 发放股票股利会引起(　　)。

A. 所有者权益总额发生变化　B. 所有者权益的结构发生变化

C. 每股市价可能下降　　　　D. 股东的市场价值总额发生变化

4. 确定股利支付水平应考虑的因素包括(　　)。

A. 企业所处的成长周期　　B. 目前的投资机会

C. 企业支付能力的稳定情况　D. 股利信号传递功能

5. 选择股利政策应考虑的因素包括(　　)。

A. 企业所处的成长与发展阶段　B. 市场利率

C. 企业获利能力的稳定状况　D. 企业的信誉状况

6. 企业采用固定股利政策的优点在于(　　)。

A. 使得投资收益与投资风险相对称

B. 有利于稳定股价

C. 有利于投资者安排收入和支出

D. 有利于增强投资者的信心

7. 剩余股利政策的缺点在于(　　)。

A. 不利于投资者安排收入与支出　B. 不利于公司树立良好的形象

C. 公司财务压力较大　　　　D. 不利于目标资本结构的保持

8. 股利理论包括(　　)。

A. 税收效应理论　　　　　B. 代理理论

C. 净收益理论　　　　　　D. MM 理论

9. 公司以支付现金股利的方式向市场传递信息，通常也要付出较为高昂的代价，包括(　　)。

A. 较高的所得税负担

B. 可能被迫重返资本市场发行新股，对公司的市场价值产生不利影响

C. 可能丧失有利的投资机会

D. 可能给企业带来一定的机会成本

10. 下列各项中属于确定利润分配政策的法律因素的内容的是(　　)。

A. 控制权考虑　　B. 资本保全约束

C. 资本积累约束　　D. 超额累积利润约束

11. 下列各项中属于确定利润分配政策的公司因素的内容的是(　　)。

A. 规避风险　　B. 盈余稳定状况

C. 筹资成本　　D. 偿债能力

12. 若上市公司采用了合理的收益分配政策，则可获得的效果有(　　)。

A. 能为企业筹资创造良好条件　　B. 能处理好与投资者的关系

C. 能改善企业的经营管理　　D. 能增强投资者的信心

13. 上市公司发放股票股利可能导致的结果有(　　)。

A. 公司股东权益内部结构发生变化

B. 公司股东权益总额发生变化

C. 公司每股利润下降

D. 公司股份总额发生变化

14. 按照资本保全约束的要求，企业发放股利所需资金的来源包括(　　)。

A. 当期利润　　B. 留存收益

C. 原始投资　　D. 股本

15. 公司在制定利润分配政策时应考虑的因素有(　　)。

A. 通货膨胀因素　　B. 股东因素

C. 法律因素　　D. 公司因素

三、判断题

1. 信号传递理论认为，股利政策有助于减缓管理者与股东之间，以及股东与债权人之间的代理冲突。(　　)

2. 股票分割容易导致股价被操纵。(　　)

3. 股票分割可能增加股东的现金股利，使股东感到满意。(　　)

4. 从除息日开始，新购入股票的投资者不能分享最近一期的股利。（ ）

5. 发放股票股利可传递公司未来经营绩效的信号，增强投资者对公司未来的信心。（ ）

6. 只要企业有足够的未指明用途的留存收益就可以发放现金股利。（ ）

7. 股份公司的利润总额在缴纳了所得税后，分配的程序是：弥补以前年度亏损、计提法定公积金、计提法定公益金、计提任意公积金、向投资者分配利润。（ ）

8. 计提法定公积金的基数是企业当年实现的净利润。（ ）

9. 固定股利支付率政策使得公司股利的支付具有较大的灵活性。（ ）

10. “在手之鸟”理论认为公司分配的股利越多，公司的市场价值也就越大。（ ）

11. 利润分配有广义和狭义之分，广义的利润分配是指对企业净利润的分配。（ ）

12. 采用剩余股利分配政策的优点是有利于保持理想的资本结构，降低企业的综合资金成本。（ ）

13. 在除息日之前，股利权从属于股票；从除息日开始，新购入股票的人不能分享本次已宣告发放的股利。（ ）

14. 企业发放股票股利会引起每股利润的下降，从而导致每股市价有可能下跌，因而每位股东所持股票的市场价值总额也将随之下降。（ ）

四、计算题

1. 东方公司 2×14 年税后净利为 2 000 万元，2×15 年的投资计划需要资金 900 万元，公司的目标资本结构为自有资金占 80%，借入资金占 20%。该公司采用剩余股利政策。

要求：（1）计算公司投资所需自有资金的数额；

（2）计算公司投资需从外部筹集的资金数额；

（3）计算公司 2×14 年度可供向投资者分配的利润为多少？

2. 某公司 2×15 年拟投资 6 000 万元购置一台生产设备以扩大生产

能力，该公司目标资本结构下权益乘数为1.5。该公司2×14年度的税后利润为4 000万元，该企业采用固定股利政策，本年度应分配的股利为500万元。在目标资本结构下，计算2×15年度该公司为购置该设备需要从外部筹集自有资金的数额。

3. 某公司成立于2×13年1月1日，2×13年度实现的净利润为1 000万元，分配现金股利550万元，提取盈余公积450万元（所提盈余公积均已指定用途）。2×14年实现的净利润为900万元（不考虑计提法定盈余公积的因素）。2×15年计划增加投资，所需资金为700万元。假定公司目标资本结构为自有资金占60%，借入资金占40%。

要求：（1）在保持目标资本结构的前提下，计算2×15年投资方案所需的自有资金额和需要从外部借入的资金额。

（2）在保持目标资本结构的前提下，如果公司执行剩余股利政策。计算2×14年度应分配的现金股利。

（3）在不考虑目标资本结构的前提下，如果公司执行固定股利政策，计算2×14年度应分配的现金股利、可用于2×15年投资的留存收益和需要额外筹集的资金额。

（4）不考虑目标资本结构的前提下，如果公司执行固定股利支付率政策，计算该公司的股利支付率和2×14年度应分配的现金股利。

9.5 推荐资源

1. 想了解我国对利润分配的相关研究，可以参阅以下文献：

[1] 李晓慧，李超．对公司利润分配依据的思考[J]．中国注册会计师，2013（8）．

[2] 周炜，等．国有企业利润分配制度研究[J]．财会月刊，2011（22）．

2. 股利政策是财务学中的重要理论，对企业价值产生一定的影响，想研究这一方面内容的读者可以参阅以下文献：

[1] 胡元木，赵新建．西方股利政策理论的演进与评述[J]．会计研究，2011（10）．

[2] 王雍欣．上市公司股利分配方案制定探析——基于沪深300样本股2009年股利分配方案的统计分析[J]．财会通讯，2011（32）．

[3] 霍晓萍. 西方股利政策理论研究述评[J]. 商业时代，2013（5）.

[4] 张春颖，刘岩. 股利研究回顾及我国上市公司股利政策评析[J]. 会计之友，2013（19）.

[5] 李礼等. 股利政策由谁决定及其选择动因——基于中国非国有上市公司的问卷调查分析[J]. 金融研究，2006（1）.

[6] 王艳林. 我国上市公司股利分配政策分析——以伊利股份股利分配政策为例[J]. 经济论坛，2012（9）.

[7] 王艳林. 贵州茅台与五粮液股利政策选择的动因分析[J]. 财务与会计（理财版），2013（10）.

[8] 徐多，郑燕. 股权激励与股利政策选择的博弈模型[J]. 会计之友，2012（22）.

3. 股票分割和股票回购是一种特殊的资本市场操作行为，想进一步了解的这方面内容的读者可以参阅：

[1] 杨瑞龙，魏梦. 股票分割的经济学解释[J]. 财经研究，2000（4）.

[2] 周彦春. 关于股票分割原因的研究综述[J]. 山东纺织经济，2012（2）.

[3] 韩永斌. 公开市场股票回购研究综述[J]. 外国经济与管理，2005（11）.

9.6 课外阅读书目

[1] MILLER M H，MODIGLIANI F. Dividend，policy，growth and the valuation of shares [J]. Journal of Business，1961（4）.

[2] BLACK F. The dividend puzzle [J]. Journal of Portfolio Management，1976（4）.

[3] 魏刚. 中国上市公司股利分配问题研究[M]. 大连：东北财经大学出版社，2001.

[4] 李常青. 股利政策理论与实证研究[M]. 北京：中国人民大学出版社，2000.

[5] 范霍恩 J C. 现代企业财务管理[M]. 郭浩，译. 北京：经济

科学出版社，2001.

［6］周首华，杨济华．当代西方财务管理［M］．大连：东北财经大学出版社，1997.

［7］余绪缨，林涛，郭晓梅．企业理财学［M］．沈阳：辽宁人民出版社，2010.

第10章 财务分析

10.1 本章框架

通过本章的学习，要求了解财务分析的目的和作用；了解财务分析的种类及财务分析的程序；了解上市公司财务报告。掌握财务分析的方法；掌握偿债能力、营运能力、盈利能力的指标与方法；掌握财务综合分析的方法。

本章基本架构图如图 10-1 所示。

- 财务分析基础
  - 财务分析的意义
  - 财务分析的程序
  - 财务分析的评价标准
  - 财务分析的局限性与补救措施
- 财务分析的方法
  - 趋势分析法
    - 趋势财务比率分析
    - 趋势报表分析
      - 比较财务报表
      - 比较百分比财务报表
  - 因素分析法
    - 连环替代法
    - 差额分析法
  - 比率分析法
- 财务能力分析
  - 偿债能力分析
    - 短期偿债能力分析
      - 流动比率
      - 速动比率
      - 现金比率
      - 现金流量比率
    - 长期偿债能力分析
      - 资产负债率
      - 权益乘数
      - 股东权益比率
      - 产权比率
      - 利息保障倍数
      - 现金流量利息保障倍数
  - 营运能力分析
    - 应收账款周转率
    - 存货周转率
    - 流动资产周转率
    - 固定资产周转率
    - 总资产周转率
  - 盈利能力分析
    - 经营盈利能力分析
      - 营业毛利率
      - 营业利润率
      - 营业净利率
      - 成本费用利润率
    - 资产盈利能力分析
      - 总资产利润率
      - 总资产报酬率
      - 总资产净利率
    - 资本盈利能力分析
      - 净资产收益率
      - 资本收益率
  - 发展能力分析
- 财务综合分析
  - 财务比率综合分析法
  - 杜邦财务分析体系

图 10-1 本章基本架构图

10.2 内容提要

1. 财务分析的目的

财务分析的目的包括评价企业的偿债能力、评价企业的资产管理水平、评价企业的获利能力、评价企业的发展趋势。

2. 财务分析的作用

财务分析是评价财务状况、衡量经营业绩的重要依据，是挖掘潜力、改进工作、实现理财目标的重要手段，是合理实施投资决策的重要步骤。

3. 财务分析的方法

财务分析的方法主要包括趋势分析法、比率分析法和因素分析法。

4. 财务分析的分类

财务分析可以按主体不同、对象不同、方法不同及目的不同进行分类。

5. 杜邦财务分析体系

杜邦财务分析体系是评价企业经营及财务状况的综合方法。这种方法不仅可以用于企业经营及财务状况的综合评价，揭示出经营效率和财务政策对净资产收益率的影响，还可以用于企业生产经营目标的分解。

6. 财务综合分析方法

财务综合分析方法中应用比较广泛的有杜邦财务分析体系和沃尔比重评分法。自有资金利润率是一个综合性最强的财务比率，是杜邦系统的核心。该指标的高低取决于总资产净利率和权益乘数。

10.3 本章主要公式

本章主要公式见表10-1。

表10-1　本章主要公式表

能力	指标
短期偿债能力	流动比率=流动资产÷流动负债
	速动比率=速动资产÷流动负债
	现金比率=（现金+有价证券）÷流动负债

续表

能力	指标
长期偿债能力	资产负债率=负债总额÷资产总额
	产权比率=负债总额÷所有者权益
	利息保障倍数=息税前利润÷债务利息
资产管理能力	应收账款周转率（次数）=赊销收入净额÷应收账款平均余额
	存货周转率（次数）=销货成本÷存货平均余额
	流动资产周转率（次数）=销售收入净额÷流动资产平均占用额
	固定资产周转率=销售收入净额÷固定资产平均净值
	总资产周转率=销售收入净额÷资产平均占用额
盈利能力	营业利润率=利润÷销售收入
	销售毛利率=销售毛利额÷销售收入
	销售净利率=净利润÷销售收入
	投资收益率=净利润÷长期资本平均额
	净资产收益率=净利润÷净资产平均额
	每股收益=净利润÷普通股股数
	每股现金流量=经营活动现金流量÷普通股股数
	每股股利=现金股利÷普通股股数
	市盈率=每股市价÷每股收益
杜邦分析	净资产收益率=营业净利率×总资产周转率×权益乘数

10.4 章节自测习题

一、单项选择题（共10题）

1. 短期债权人在进行企业财务分析时，最为关心的是(　　)。

A. 企业获利能力　　B. 企业偿债能力

C. 企业社会贡献能力　　D. 企业资产营运能力

2. 如果企业速动比率很小，下列结论成立的是(　　)。

A. 企业流动资产占用过多　　B. 企业短期偿债能力很强

C. 企业短期偿债风险很大　　D. 企业资产流动性很强

3. 既是企业盈利能力指标的核心，又是整个财务指标体系核心的指标是(　　)。

A. 资本保值增值率　　B. 总资产报酬率

C. 销售利润率　　D. 净资产收益率

4. 某企业本年销售收入为20 000元，应收账款周转率为4，期初应收账款余额3 500元，则期末应收账款余额为(　　)元。

A. 5 000　　B. 6 000

C. 6 500　　D. 4 000

5. 在其他条件不变的情况下，如果企业过度提高现金比率，可能导致的结果是(　　)。

A. 财务风险加大　　B. 获利能力提高

C. 营运效率提高　　D. 机会成本增加

6. 在其他条件不变的情况下，下列经济业务可能导致总资产报酬率下降的是(　　)。

A. 用银行存款支付一笔销售费用

B. 用银行存款购入一台设备

C. 将可转换债券转换为优先股

D. 用银行存款归还银行借款

7. 与产权比率相比较，资产负债率评价企业偿债能力的侧重点是(　　)。

A. 揭示财务结构的稳健程度

B. 揭示债务偿付安全性的物质保障程度

C. 揭示主权资本对偿债风险的承受能力

D. 揭示负债与资本的对应关系

8. 净资产收益率在杜邦分析体系中是个综合性最强、最具有代表性的指标。通过对系统的分析可知，提高净资产收益率的途径不包括(　　)。

A. 加强销售管理，提高销售净利率

B. 加强资产管理，提高其利用率和周转率

C. 加强负债管理，提高其利用率和周转率

D. 加强负债管理，提高产权比率

9. 衡量企业偿还到期债务能力的直接标志是(　　)。

A. 有足够的资产　　B. 有足够的流动资产

C. 有足够的存货　　D. 有足够的现金

10. 当企业的流动比率小于1时，赊购原材料将会(　　)。

A. 增大流动比率　　B. 降低流动比率

C. 降低营运资金　　D. 增大营运资金

二、多项选择题（共10题）

1. 流动比率过高，意味着企业存在以下几种可能(　　)。

A. 存在闲置现金　　B. 存在存货积压

C. 应收账款周转缓慢　　D. 偿债能力很差

2. 使用比率分析法应注意的问题包括(　　)。

A. 对比项目的相关性　　B. 对比口径的一致性

C. 衡量标准的科学性　　D. 计算结果的假定性

3. 在计算速动资产时需要在流动资产中减掉(　　)。

A. 存货　　B. 应付账款

C. 待摊费用　　D. 待处理流动资产损失

4. 下列说法正确的是(　　)。

A. 产权比率也称资本负债率

B. 产权比率侧重于揭示自有资金对偿债风险的承受能力

C. 资产负债率侧重于揭示财务结构的稳健程度

D. 资产负债率侧重于分析债务偿付安全性的物质保障程度

5. 应收账款周转率高说明(　　)。

A. 收账迅速　　B. 短期偿债能力强

C. 收账费用增加　　D. 坏账损失减少

6. 反映企业盈利能力的指标包括(　　)。

A. 盈余现金保障倍数　　B. 资本保值增值率

C. 资本积累率　　D. 每股收益

7. 每股收益的计算公式中正确的是(　　)。

A. 每股收益=净资产收益率×权益乘数×平均每股净资产

B. 每股收益=总资产净利率×权益乘数×平均每股净资产

C. 每股收益=主营业务净利率×总资产周转率×权益乘数×平均每股净资产

D. 每股收益=总资产净利率×平均每股净资产

8. 提高主营业务净利率的途径主要包括(　　)。

A. 扩大主营业务收入　　B. 减少主营业务收入

C. 降低成本费用　　D. 提高成本费用

9. 下列各项中，可能会影响流动比率的业务是(　　)。

A. 用现金购买短期债券　　B. 用现金购买固定资产

C. 用存货进行对外长期投资　　D. 从银行取得长期借款

10. 财务分析既是对已完成的财务活动的总结，又是财务预测的前提，在财务管理的循环中起着承上启下的作用。下列属于财务分析目的的是(　　)。

A. 对企业当前财务运作进行调整和控制

B. 可以提供成熟的解决问题的方法

C. 对企业过去的财务状况和经营成果进行总结性分析和评价

D. 预测未来企业财务运作的方向及其影响

三、判断题（共10题）

1. 企业经营者必然高度关心其资本的保值和增值状况。(　　)

2. 流动比率较高时说明企业有足够的现金或存款用来偿债。(　　)

3. 速动比率较流动比率更能反映流动负债偿还的安全性，如果速动比率较低，则企业的流动负债到期绝对不能偿还。(　　)

4. 现金流动负债比率=现金/流动负债。(　　)

5. 固定资产周转率=主营业务收入净额/平均固定资产总值。(　　)

6. 盈余现金保障倍数从动态的角度对企业的收益质量进行评价，真实反映了企业盈余的质量，是反映企业盈利状况的主要指标。(　　)

7. 市盈率越高说明投资者对企业的发展前景越看好，投资者更愿意以较高的价格购买公司股票。(　　)

8. 在其他条件不变的情况下，权益乘数越大，企业的负债程度越

高，能给企业带来更多财务杠杆利益，同时也增加了企业的财务风险。 （ ）

9. 某公司今年与去年相比，主营业务收入净额增长10%，净利润增长8%，资产总额增加12%，负债总额增加9%。可以判断，该公司净资产收益率比去年下降了。 （ ）

10. 计算应收账款周转率时，公式中的应收账款包括“应收账款”和“应收票据”等全部赊销款，是未扣除坏账准备的总额。 （ ）

四、简答题（共3题）

1. 财务分析的目的是什么？

2. 企业财务分析的内容是什么？

3. 比较分析法应如何使用？

五、论述题（共3题）

1. 试述杜邦分析法的原理。

2. 试述财务分析的基本方法。

3. 在财务分析过程中，应从哪些方面进行营运能力的分析？

六、计算题（共3题）

1. 某公司流动资产由速动资产和存货构成，年初存货为145万元，年初应收账款为125万元，年末流动比率为300%，年末速动比率为150%，存货周转率为4次，年末流动资产余额为270万元。一年按360天计算。

要求：（1）计算该公司流动负债年末余额；

（2）计算该公司存货年末余额和年平均余额；

（3）计算该公司本年主营业务成本；

（4）假定本年赊销净额为960万元，应收账款以外的其他速动资产可忽略不计，计算该公司应收账款周转天数。

2. 某企业2×14年主营业务收入净额为77万元，主营业务净利率为10%，按照主营业务收入计算的存货周转率为7次，期初存货余额为8万元；期初应收账款余额为12万元，期末应收账款余额为10万元，速动比率为150%，流动比率为200%，固定资产总额是50万元，该企业期初资产总额为80万元。该公司的流动资产由速动资产和存货组成，资产总额由固定资产和流动资产组成。（计算结果保留两位小数）

要求：（1）计算应收账款周转率；

（2）计算总资产周转率；

（3）计算总资产净利率。

3. 2×14 年年初，某公司的负债总额为 400 万元，股东权益是负债总额的 3 倍，年资本积累率为 50%，公司 2×14 年年末的资产负债率 40%。2×14 年该公司的固定成本总额为 170 万元，实现净利润 300 万元，所得税税率为 33%。2×14 年年末的股份总数为 600 万股，假设普通股股数在 2×14 年和 2×15 年均未发生变化，企业没有优先股，2×14 年年末的普通股市价为 5 元/股。（计算结果保留两位小数）

要求：（1）计算 2×14 年年初股东权益总额、资产总额、年初的资产负债率；

（2）计算 2×14 年年末股东权益总额、负债总额、资产总额、产权比率；

（3）计算 2×14 年的总资产净利率、权益乘数（使用平均数计算）、平均每股净资产、每股收益、市盈率；

（4）假设 2×15 年实现净利润 400 万元，2×15 年年末保持 2×14 年年末的资本结构和 2×14 年的资本积累率，计算 2×15 年的每股收益，并结合连环替代法分析总资产净利率、权益乘数以及平均每股净资产对每股收益的影响数额。

七、案例分析题（共 2 题）

1. 某公司 2×15 年的有关资料见表 10-2。

表 10-2　**某公司资料表**　金额单位：万元

项目	年初数	年末数	本年数或平均数
存货	7 200	9 600	
流动负债	6 000	8 000	
总资产	15 000	17 000	
流动比率		150%	
速动比率	80%		
权益乘数			1.5
流动资产周转次数			4
净利润			2 880

要求：（1）计算 2×15 年该公司流动资产的年初余额、年末余额和平均余额（假定流动资产由速动资产和存货组成）；

（2）计算 2×15 年的主营业务收入和总资产周转率；

（3）计算主营业务净利率和净资产收益率；

（4）假定该公司 2×16 年投资计划需要资金 2 100 万元，维持权益乘数 1.5 的资本结构，规定按照 10% 的比例提取盈余法定公积金，按照 5% 的比例提取法定公益金。计算按照剩余股利政策 2×15 年向投资者分配股利的数额。

2. 某企业 2×15 年 12 月 31 日的资产负债表（简表）见表 10-3。

表 10-3 **资产负债表（简表）**

2×15 年 12 月 31 日 单位：万元

资产	期末数	负债及所有者权益	期末数
货币资金	400	应付账款	400
应收账款净额	1 000	应付票据	800
存货	1 800	长期借款	2 700
固定资产净值	2 200	实收资本	1 200
无形资产	300	留存收益	600
资产总计	5 700	负债及所有者权益总计	5 700

该企业 2×15 年的主营业务收入净额为 8 000 万元，主营业务净利率为 10%，净利润的 40% 分配给投资者。预计 2×16 年主营业务收入净额比去年增长 20%，为此需要增加固定资产 200 万元，增加无形资产 100 万元，根据有关情况分析，企业流动资产项目和流动负债项目将随主营业务收入同比例增减。

假定企业 2×16 年的主营业务净利率和利润分配政策与上一年度保持一致，该年度长期借款不发生变化；2×16 年年末固定资产净值和无形资产合计为 2 700 万元。2×16 年企业需要增加对外筹集的资金由投资者通过增加投入解决。

要求：（1）计算 2×16 年需要增加的营运资金额；

（2）预测 2×16 年需要增加对外筹集的资金额；

（3）预测 2×16 年年末的流动资产额、流动负债额、资产总额、负债总额和所有者权益总额；

（4）预测2×16年的速动比率和产权比率；

（5）预测2×16年的流动资产周转次数和总资产周转次数；

（6）预测2×16年的净资产收益率；

（7）预测2×16年的资本积累率和总资产增长率。

10.5 推荐资源

想了解财务分析技术方法发展的读者，可以参阅：

［1］张先治，构建中国财务分析体系的思考［J］．会计研究，2001（6）．

［2］李俊婧，杜邦财务分析新体系及其应用［J］．商业时代，2013（4）．

［3］徐利飞，安明莹．基于循环经济的环境财务分析指标体系构建［J］．财会通讯（学术版），2007（9）．

［4］徐利飞，基于企业管理需求深化财务分析课程教学内容的分析［J］．中国乡镇企业会计，2012（5）．

［5］张玉琳，赵小鹿．借助Excel模型实现财务比率多维透视分析［J］．会计之友，2013（26）．

10.6 课外阅读书目

［1］徐春立．中小企业经营财务分析［M］．天津：天津人民出版社，2003.

［2］罗伯特·C. 稀金斯．财务管理分析［M］．沈艺峰，等，译．北京：北京大学出版社，1998.

［3］王庆成，郭复初．财务管理学［M］．北京：高等教育出版社，2000.（第十一章）

［4］荆新，王化成，刘俊彦．财务管理学［M］．北京：中国人民大学出版社，1998.（第三章）

［5］刘志远，财务管理［M］．天津：南开大学出版社，2002.（第四章）

10.7 用 Excel 解决本章问题

【例 10-1】已知某企业 2×13 年的资产负债表如图 10-2 所示，请用 Excel 对该企业的偿债能力进行比率分析。

	A	B	C	D	E	F
1	资产负债表					
2	2013年12月31日					
3						金额单位:元
4	资产	年初数	期末数	负债和所有者权益	年初数	期末数
5	流动资产			流动负债		
6	货币资金	612540	805800	短期借款	300000	200000
7	交易性金融资产	800000	600000	应付票据	360000	402000
8	应收票据	260000	220000	应付账款	865900	892600
9	应收账款	758000	860000	预收账款	0	0
10	减:坏账准备	11370	12900	应付工资	486000	522600
11	应收账款净额	746630	847100	应交税费	65700	71200
12	预付账款	0	0	应付利润	891000	900000
13	其他应收款	86000	58000	其他应付款	23000	0
14	存货	2016830	2103200	其他应交款	1000	2100
15	长期待摊费用	12800	6400	预收账款	18000	21000
16	流动资产合计	4534800	4640500	流动负债合计	3010600	3011500
17	长期股权投资	0	0	长期负债		
18	固定资产原值	5850000	6075000	长期借款	2000000	2050000
19	减:累计折旧	350000	380000	应付债券	0	
20	固定资产净值	5500000	5695000	长期应付款	119400	74200
21	在建工程	125000	0	长期负债合计	2119400	2124200
22	固定资产合计	5625000	5695000	负债合计	5130000	5135700
23	无形及其他资产	180000	150000	所有者权益		
24	递延税款借项	0	0	实收资本	5000000	5000000
25				资本公积	17800	17800
26				盈余公积	180000	298000
27				未分配利润	12000	34000
28				所有者权益合计	5209800	5349800
29	资产总计	10339800	10485500	负债及所有者权益总计	10339800	10485500

图 10-2 某企业的资产负债表

具体操作步骤：

（1）为资产负债表建立工作簿，再新建立一个工作表，并按下图填写反映企业偿债能力的财务比率。

（2）在 B5 单元格填入“=2013 年资产负债表！＄C＄16/2013 年资产负债表！＄F＄16”。

（3）在 B6 单元格填入“=（2013 年资产负债表！＄C＄16-2013 年资产负债表！＄C＄14）/2013 年资产负债表！＄F＄16”。

（4）在 B7 单元格填入=“（2013 年资产负债表！＄C＄6+2013 年

资产负债表！$C$7）/2013 年资产负债表！$F$16”。

（5）在 B9 单元格填入“=2013 年资产负债表！$F$22/2013 年资产负债表！$C$29”。

（6）在 B10 单元格填入“=2013 年资产负债表！$F$22/2013 年资产负债表！$F$28”。

（7）选择单元格区域“B5：B7”以及“B9：B10”，设置单元格格式为百分比格式。具体结果如图 10-3 所示。

	A	B
1	财务比率分析模型——偿债能力分析	
2		
3	财务比率名称	财务比率
4	一、短期偿债能力	
5	流动比率	154.09%
6	速动比率	84.25%
7	现金比率	46.68%
8	二、长期偿债能力	
9	资产负债率	48.98%
10	产权比率	96.00%

图 10-3　计算结果图

附录1 综合自测习题与答案

《财务管理》试卷一

一、单项选择题（每题1分，共25分）

1. 企业与受资者的财务关系体现为(　　)。

A. 债权债务关系　　B. 强制与无偿的分配关系

C. 投资与受资关系　　D. 受资与投资关系

2. 没有通货膨胀时，(　　)的利率可以视为纯利率。

A. 短期借款　　B. 公司债券

C. 国库券　　D. 金融债券

3. 对于因资产的流动性不好而使投资者承担了更多的不确定性因素，为此所给予投资者的补偿属于(　　)。

A. 违约风险报酬率　　B. 流动性风险报酬率

C. 期限风险报酬率　　D. 通货膨胀补偿率

4. 理论上可以从量上表示资金时间价值的是(　　)。

A. 银行同期贷款利率　　B. 银行同期存款利率

C. 社会资金平均利润率　　D. 股票股利利率

5. 在利息不断资本化的条件下，资金时间价值的计算基础应采用(　　)。

A. 单利　　B. 复利

C. 年金　　D. 普通年金

6. 偿债基金系数是(　　)的倒数。

A. 普通年金终值系数　　B. 普通年金现值系数

C. 复利终值系数　　D. 复利现值系数

7. 投资者敢于冒着风险进行投资的原因是(　　)。

A. 可获得报酬　　B. 可获得利润

C. 可获得时间价值的报酬率　　D. 可获得风险报酬率

8. 当债券的票面利率小于市场利率时，债券应该(　　)发行。

A. 平价　　B. 折价

C. 溢价　　D. 不能确定

9. 按股东权利义务的差别，股票分为(　　)。

A. 记名股票和无记名股票　　B. 国家股、法人股、个人股

C. 普通股和优先股　　D. 面值股和无面值股

10. 不能作为融资租赁的租赁方式是(　　)。

A. 经营租赁　　B. 售后回租

C. 直接租赁　　D. 杠杆租赁

11. 在下列个别资本成本的计算中，不必考虑筹资费用影响因素的是(　　)。

A. 长期借款　　B. 长期债券

C. 留用利润　　D. 普通股

12. 经营杠杆产生的原因是企业存在(　　)。

A. 固定营业成本　　B. 销售费用

C. 财务费用　　D. 管理费用

13. 财务杠杆系数同企业资本结构密切相关，需支付固定性资金成本的债务资金所占比重越大，企业的财务杠杆系数(　　)。

A. 越小　　B. 越大

C. 不变　　D. 反比例变化

14. 每股利润无差别点是指两种筹资方案下，普通股每股利润相等时的(　　)。

A. 成本总额　　B. 筹资总额

C. 资本结构　　D. 息税前利润

15. 某企业按年利率10%的标准从银行借入1 000万元，银行要求将贷款数额的20%作为补偿性余额，该借款的实际利率为(　　)。

A. 10%　　B. 8%

C. 12%　　D. 12.5%

16. 某周转信贷协议额度200万元，承诺费率为0.5%，企业借款150万元，平均使用了8个月，那么企业必须向银行支付承诺费(　　)元。

A. 10 000　　B. 6 000

C. 5 000　　D. 8 000

17. 在采用5C评估法进行信用评估时，最重要的因素是(　　)。

A. 品德　　B. 能力

C. 资本　　D. 抵押品

18. 下列各项中，属于应收账款机会成本的是(　　)。

A. 坏账损失　　B. 对客户信用进行调查的费用

C. 收账费用　　D. 应收账款占用资金的应计利息

19. 通常按照(　　)，可将投资决策评价指标分为非折现评指标和折现评价指标。

A. 是否考虑资金时间价值　　B. 性质

C. 数量特征　　D. 重要性

20. 按指标的重要性分类，投资决策评价指标可分为(　　)。

A. 折现指标和非折现指标　　B. 正指标和反指标

C. 绝对指标和相对指标　　D. 主要指标、次要指标和辅助指标

21. 在证券投资中，因通货膨胀带来的风险是(　　)。

A. 流动性风险　　B. 系统风险

C. 违约风险　　D. 购买力风险

22. 投资风险中，非系统风险的特征是(　　)。

A. 不能被投资多样化所稀释　　B. 不能消除而只能回避

C. 通过投资组合可以稀释　　D. 对各个投资者的影响程度相同

23. 法定盈余公积金达到注册资本的(　　)时，可以不再提取。

A. 40%　　B. 50%

C. 30%　　D. 25%

24. 最常见的，也是最易被投资者接受的股利支付方式为(　　)。

A. 现金股利　　B. 股票股利

C. 财产股利　　D. 负债股利

25. 下列股利政策中，属于投资优先的股利政策的是(　　)。

A. 剩余股利政策

B. 固定增长股利政策

C. 固定股利支付率政策

D. 低正常股利加额外股利政策

二、多项选择题（下面各小题的备选答案中有 2 ~ 5 个正确答案，错选、多选或少选该题均不得分，每小题 2 分，共 20 分）

1. 企业的财务活动包括(　　)。

A. 筹资活动　　B. 投资活动

C. 经营活动　　D. 分配活动

E. 管理活动

2. 下列各项中，属于企业财务关系的有(　　)。

A. 企业与政府之间的财务关系

B. 企业与受资者之间的财务关系

C. 企业内部各单位之间的财务关系

D. 企业与职工之间的财务关系

E. 企业与债权人之间的财务关系

3. 在不存在通货膨胀因素的情况下，利率的组成因素包括(　　)。

A. 纯利率　　B. 违约风险报酬率

C. 流动性风险报酬率　　D. 通货膨胀补偿率

E. 市场利率

4. 可利用普通年金终值系数计算出的项目有(　　)。

A. 偿债基金系数　　B. 投资回收系数

C. 先付年金终值系数　　D. 永续年金现值系数

E. 递延年金现值系数

5. 企业的长期筹资渠道包括(　　)。

A. 政府财政资本　　B. 银行信贷资本

C. 非银行金融机构资本　　D. 其他法人资本

E. 民间资本

6. 在个别资金成本中，必须考虑所得税因素的是(　　)。

A. 优先股成本　　B. 长期债券成本

C. 普通股成本　　D. 长期借款成本

E. 留存收益成本

7. 下列各项中，属于信用政策的有(　　)。

A. 信用条件　　B. 信用标准

C. 收账政策　　　　　　　　D. 现销政策

E. 机会投资

8. 证券按发行主体可分为(　　)。

A. 短期证券　　　　　　　　B. 政府证券

C. 债权证券　　　　　　　　D. 金融证券

E. 公司证券

9. 投资决策评价指标的净现值属于(　　)。

A. 动态指标　　　　　　　　B. 正指标

C. 主要指标　　　　　　　　D. 折现评价指标

E. 静态指标

10. 我国有关法律规定，股份有限公司可以采用股利的形式包括(　　)。

A. 现金股利　　　　　　　　B. 股票股利

C. 财产股利　　　　　　　　D. 负债股利

E. 资产股利

三、判断题（每题 1 分，共 15 题）

1. 由现值求终值，称为折现，折现时使用的利息率称为折现率。(　　)

2. 在终值和计息期数一定的情况下，贴现利率越高，则算出的现值越小。(　　)

3. 政府发行的债券有国家财力作后盾，其本金的安全性非常高，通常视为无风险证券。(　　)

4. 一般来说，债券的市场利率越高，债券的发行价格越低；反之，发行价格就越高。(　　)

5. 通过发行股票筹资，可以不付利息，因此其成本比借款筹资的成本低。(　　)

6. 根据企业所得税法的规定，企业债务的利息不允许从税前利润中扣除。(　　)

7. 当资本结构不变时，个别资本成本率越低，则综合资本成本率越低。(　　)

8. 经营杠杆系数为1，财务杠杆系数为1，则联合杠杆系数为2。（　　）

9. 由于财务杠杆作用，当息税前利润下降时，普通股每股收益将下降得更快。（　　）

10. 内部收益率就是能使投资项目的净现值等于1的折现率。（　　）

11. 如果某投资项目的获利指数大于零，说明该投资项目是可行的。（　　）

12. 净现值是主要指标，而内部收益率是次要指标。（　　）

13. 狭义的营运资本又称为净营运资本，指短期资产与短期负债的差额。（　　）

14. 收账费用支出越多，坏账损失越少，两者是线性关系。（　　）

15. “一鸟在手”理论认为，相对于资本利得而言，投资者更偏好现金。（　　）

四、计算分析题（每题10分，共40分）

1. 某企业资金总额6 000万元，其中，长期借款1 200万元，长期债券1 600万元，普通股3 200万元，长期借款期限为4年，年利率为8%，筹资费率忽略不计；长期债券票面利率为10%，筹资费率为3%；普通股为1 000万股，预期股利为0.2元/股，股利增长率为4%，普通股筹资费率为6%，所得税税率为33%。分别计算企业筹资方式中的个别资本成本和加权资本成本。

2. A公司年度销售额为28 000万元，息税前利润为8 000万元，固定成本为3 200万元，变动成本率为60%；资本总额为20 000万元，其中负债资本比例占40%，平均年利率为8%。试分别计算该公司的经营杠杆系数、财务杠杆系数和综合杠杆系数。

3. 甲企业计划利用一笔长期资金购买乙公司的股票。乙公司股票市场价格为15元/股，其每股收益为0.60元，股息支付比率为70%。预期该股股息增长率在以后年度将保持为10%，金融市场的一般收益率为12%。

要求：(1) 利用股票估价模型，计算乙公司股票价值。

(2) 代甲企业作出股票投资决策。

4. 某公司本年度需耗用某材料36 000千克，该材料采购成本为200元/千克，年度储存成本为16元/千克，平均每次进货费用为20元。

要求：(1) 计算本年度某材料的经济批量。

(2) 计算本年度某材料经济批量下的订货次数和订货成本。

(3) 计算本年度某材料经济批量下的储存成本。

(4) 计算本年度某材料经济批量下的总成本。

《财务管理》试卷一参考答案

一、单项选择题（本大题共25小题，每小题1分，共25分）

1	2	3	4	5	6	7	8	9	10
C	C	B	C	B	A	D	B	C	A
11	12	13	14	15	16	17	18	19	20
C	A	B	D	D	C	A	B	A	D
21	22	23	24	25					
D	C	B	A	A					

二、多项选择题（本大题共10小题，每小题2分，共20分）

1	2	3	4	5
ABCD	ABCDE	ABC	AC	ABCDE
6	7	8	9	10
BD	ABC	ADE	ABCD	AB

三、判断题（本大题共15小题，每小题1分，共15分）

1	2	3	4	5	6	7	8	9	10
×	√	√	√	×	×	√	×	√	×
11	12	13	14	15					
×	×	√	×	√					

四、计算题（每题 10 分，共 40 分）

1. 解：

$W_L=\frac{1\ 200}{6\ 000}\times100\%=20\%$（1 分）；$W_B=\frac{1\ 600}{6\ 000}\times100\%=26.67\%$（1 分）；

$W_C=\frac{3\ 200}{6\ 000}\times100\%=53.33\%$（1 分）

$K_L=8\%\times(1-33\%)=5.36\%$（2 分）；$K_B=\frac{10\%\times(1-33\%)}{1-3\%}=6.91\%$（2 分）；

$K_C=\frac{1\ 000\times0.2}{3\ 200\times(1-6\%)}+4\%=10.65\%$（2 分）

$K_W=20\%\times5.36\%+26.67\times6.91\%+53.33\times10.65\%=8.59\%$（1 分）

2. 解：

$DOL=\frac{8\ 000+3\ 200}{8\ 000}=1.4$（4 分）；$DFL=\frac{8\ 000}{8\ 000-20\ 000\times40\%\times8\%}=1.09$（4 分）；

$DTL=DOL\times DFL=1.4\times1.09=1.53$（2 分）

3. 解：

（1）乙公司股票价值 $=0.6\times70\%\times(1+10\%)\div(12\%-10\%)=23.1$（元/股）

（2）因为乙公司的股票市场价格为 15 元/股，低于其价值，所以应购买。

4. 解：

$TC=\frac{Q}{2}\times16+\frac{36\ 000}{Q}\times20$；$Q=\sqrt{\frac{2\times36\ 000\times20}{16}}=300$（2 分）；储存成本 $=\frac{300}{2}\times16=2\ 400$（2 分）。

订货次数 = 120 次（2 分）；订货成本 = 120×20 = 2 400（2 分）；相关总成本 = 4 800（2 分）。

《财务管理》试卷二

一、单项选择题（每小题1分，共20分）

1. 现代财务管理的最优目标是(　　)。

A. 利润最大化　　B. 每股利润最大化

C. 风险最小化　　D. 股东财富最大化

2. 当某方案的净现值大于零时，其内含报酬率(　　)。

A. 可能小于零　　B. 一定等于零

C. 一定大于设定折现率　　D. 可能等于设定折现率

3. 每股利润无差别点，通常用(　　)表示。

A. 税前利润　　B. 税后利润

C. 息税前利润　　D. 每股利润

4. 按是否借助于银行等金融机构进行筹资，企业筹资可分为(　　)。

A. 横向筹资与纵向筹资　　B. 直接筹资与间接筹资

C. 长期筹资与短期筹资　　D. 内部筹资与外部筹资

5. 下列投资中，风险最小的是(　　)。

A. 购买政府债券　　B. 购买企业债券

C. 购买股票　　D. 投资开发项目

6. 企业同其所有者之间的财务关系主要体现为(　　)。

A. 投资与受资　　B. 债权与债务

C. 经营权与所有权　　D. 债务与债权

7. 企业应收货款10万元，其信用条件为“2/10，n/30”，本企业在第7天收回货款，其实际收到货款额应为(　　)元。

A. 98 000　　B. 80 000

C. 92 000　　D. 100 000

8. 现金作为一种资产，它(　　)。

A. 流动性强，盈利性强　　B. 流动性强，盈利性差

C. 流动性差，盈利性强　　D. 流动性差，盈利性差

9. 表示资金时间价值的利息率是(　　)。

A. 银行同期贷款利率　　B. 银行同期存款利率

C. 社会平均资金利润率　　D. 加权资本成本率

10. 下列属于优先股股东权利的表述正确的为(　　)。

A. 优先股不能由公司赎回

B. 优先分配股利

C. 剩余财产分配位于普通股股东之后

D. 通常具有表决权

11. 某企业按年利率9%的标准向银行借款1 000万元，银行要求保留10%的补偿性余额，则该项借款的实际利率应为(　　)%。

A. 9　　B. 10

C. 11　　D. 12.5

12. 下列指标中，(　　)是衡量风险的指标。

A. 标准离差　　B. 净现值

C. 概率　　D. 息税前利润率

13. 我国的股票不允许(　　)发行。

A. 溢价　　B. 折价

C. 平价　　D. 低价

14. 企业追加长期资本的成本率称为(　　)。

A. 个别资本成本率　　B. 综合资本成本率

C. 边际资本成本率　　D. 追加资本成本率

15. 下列各项中，属于长期投资决策非折现现金流量评价指标的是(　　)。

A. 平均报酬率　　B. 净现值

C. 获利指数　　D. 内含报酬率

16. 应收账款的机会成本通常按(　　)计算。

A. 银行存款利息率　　B. 有价证券利息率

C. 国库券利息率　　D. 股票股利利率

17. 公司每年都从净利润中按固定的股利支付率发放现金股利的政策是指(　　)。

A. 剩余股利政策　　B. 固定股利政策

C. 稳定增长股利政策　　D. 固定股利支付率政策

18. 投资于国库券时可不必考虑的风险是(　　)。

A. 违约风险　　　　　　　　B. 利率风险

C. 购买力风险　　　　　　　D. 再投资风险

19. 下列各项筹资活动中，会加大财务杠杆作用的是(　　)。

A. 增发普通股　　　　　　　B. 发行优先股

C. 发行公司债券　　　　　　D. 吸收国际投资

20. 下列各项中，不属于投资项目的现金流出量的是(　　)。

A. 建设投资　　　　　　　　B. 垫支的营运资金

C. 固定资产折旧　　　　　　D. 经营成本

二、多项选择题（下面各小题的备选答案中有 2～5 个正确答案，错选、多选或少选该题均不得分，每小题 2 分，共 20 分）

1. 企业财务活动包括的内容有(　　)。

A. 筹资引起的财务活动　　　B. 投资引起的财务活动

C. 经营引起的财务活动　　　D. 分配引起的财务活动

E. 营销引起的财务活动

2. 下列属于年金形式的有(　　)。

A. 折旧　　　　　　　　　　B. 利息

C. 租金　　　　　　　　　　D. 保险费

E. 固定股利

3. 信用政策是企业关于应收账款等债权资产的管理或控制方面的原则性规定，包括(　　)。

A. 信用标准　　　　　　　　B. 信用条件

C. 坏账损失　　　　　　　　D. 收账政策

E. 经济政策

4. 下列筹资方式中属于股权筹资的是(　　)。

A. 投入资本筹资　　　　　　B. 发行普通股筹资

C. 长期借款筹资　　　　　　D. 发行债券筹资

E. 融资租赁筹资

5. 资本结构价值计量基础的选择可以有(　　)。

A. 账面价值　　　　　　　　B. 市场价值

C. 目标价值　　　　　　　　D. 边际价值

E. 综合价值

6. 影响财务杠杆利益与风险的因素主要有(　　)。

A. 产品销量的变动　　B. 资本规模的变动

C. 资本结构的变动　　D. 债务利率的变动

E. 息税前利润的变动

7. 下列属于5C评估法要求的内容有(　　)。

A. 品德　　B. 能力

C. 资本　　D. 抵押品

E. 情况

8. 企业持有现金的动机通常有(　　)。

A. 交易动机　　B. 补偿动机

C. 预防动机　　D. 投机动机

E. 偿债动机

9. 影响公司股利政策的主要法律因素有(　　)。

A. 资本保全的约束　　B. 企业积累的约束

C. 企业利润的约束　　D. 偿债能力约束

E. 企业投资机会约束

10. 利用商业信用融资，主要包括(　　)形式。

A. 应付股利　　B. 应缴税费

C. 应付职工薪酬　　D. 赊购商品

E. 预收货款

三、判断题（每小题1分，共15分）

1. 企业同其债权人之间的财务关系，体现为债权与债务关系。(　　)

2. 优先股是一种具有双重性质的证券，它虽属于股权资金但也兼有债券性质。(　　)

3. 获利指数大于1，说明投资方案的预期报酬率高于资金成本率。(　　)

4. 普通年金是指每期期末有等额收付款项的年金，也成为即付年金。(　　)

5. 在其他条件不变时，证券的风险越高，其价格便越低，从而必要收益率越高。(　　)

6. 债券投资的收入比较稳定，但是其购买力风险比较大。（　　）

7. 股票上市在任何情况下对公司都是有利的，所以能够上市是每个公司的愿望。（　　）

8. 发行债券筹资的利息费用可在所得税前支付，因此具有节税效应。（　　）

9. 抵押贷款中担保的抵押品只能是不动产、机器设备等实物资产，不能以股票、债券等有价证券作为抵押品。（　　）

10. 如果企业负债筹资为0，则财务杠杆系数为1。（　　）

11. 绝大多数优先股因为有固定的股利而又无到期日，因此其股利可以视为永续年金。（　　）

12. 公司的保留盈余（留用利润）是由公司税后利润形成的，因此不存在资本成本计算问题。（　　）

13. 在长期投资决策中，应用现金流量比利润能更科学、更客观地评价投资方案的优劣。（　　）

14. 企业进行短期金融资产投资，在任何情况下都能做到安全性、流动性与盈利性达到均衡。（　　）

15. 进行存货管理的主要目的，是要控制存货水平，在充分发挥存货功能的基础上，降低存货成本。（　　）

四、计算题（1、2、3小题每题10分，4小题15分，共45分）

1. 某公司本年度需耗用乙材料36 000千克，该材料采购成本为200元/千克，年度储存成本为16元/千克，平均每次进货费用为20元。

要求：(1) 计算本年度乙材料的经济批量。

(2) 计算本年度乙材料经济批量下的相关总成本。

(3) 计算本年度乙材料最佳进货批次。

2. 某企业现有一筹资方案，筹资总额为1 000万元，其中发行长期债券400万元，筹资费率3%，债券年利率为10%，所得税率为33%；发行普通股600万元，每股发行价格为20元，第一年每股预计股利为2元，股利增长率为5%，筹资费率为6%。试计算该方案的综合资本成本率。(计算结果保留两位小数)

3. 某公司的投资组合中有五种股票，所占比例分别为30%、20%、

20%、15%、15%；β系数分别为0.8、1、1.4、1.5、1.7，平均风险股票的必要收益率为10%，无风险收益率为8%。试求该投资组合的预计收益率、综合β系数。

4. 凯达公司准备投资一项目，现有甲、乙两个方案可供选择，项目寿命期均为5年，其中甲方案需要投资8 000万元，项目投产后可使公司第一年税后利润增加400万元，第2年至第5年每年税后利润增加1 000万元，乙方案需要投资9 000元（其中7 800万元为设备款，1 200万元为垫支的营运资金）项目投产后可使公司每年税后利润增加900万元，两方案均采用直线法计提折旧，期满后无残值，公司的资本成本率为10%。(计算结果保留小数点后两位)

要求：(1) 用净现值法对该项目进行投资决策分析。

(2) 你建议凯达公司应选择哪个方案进行投资？请说明原因。

（注：PVIF10%，1=0.909　PVIFA10%，5=3.791　PVIFA10%，4=3.170　PVIF10%，5=0.621）

《财务管理》试卷二参考答案

一、单项选择题（每小题1分，共20分）

1	2	3	4	5	6	7	8	9	10
D	C	C	B	A	A	A	B	C	B
11	12	13	14	15	16	17	18	19	20
B	A	B	C	A	B	D	A	C	C

二、多项选择题（本大题共10小题，每小题2分，共20分）

1	2	3	4	5
ABCD	ABCDE	ABD	AB	ABC
6	7	8	9	10
BCDE	ABCDE	ACD	ABCD	DE

三、判断题（本大题共 15 小题，每小题 1 分，共 15 分）

1	2	3	4	5	6	7	8	9	10
×	√	√	×	√	√	×	√	×	√
11	12	13	14	15					
√	×	√	×	√					

四、计算题（第 1、第 2、第 3 小题每题 10 分，第 4 小题 15 分，共 45 分）

1. 解：

（1）$\sqrt{\frac{2\times36\ 000\times20}{16}}=300$（千克）

（2）$\sqrt{2\times36\ 000\times20\times16}=4\ 800$（元）

（3）$36\ 000\div300=120$（次）

2. 解：

$$\frac{10\%\times(1-33\%)}{1-3\%}\times\frac{400}{1\ 000}+\left[\frac{2}{20\times(1-6\%)}+5\%\right]\times\frac{600}{1\ 000}=12.15\%$$

3. 解：

$30\%\times0.8+20\%\times1+20\%\times1.4+15\%\times1.5+15\%\times1.7=1.2$

$8\%+1.2\times(10\%-8\%)=10.4\%$

4. 解：

甲方案：$2\ 000\times0.909+2\ 600\times3.170\times0.909-8\ 000=1\ 309.98$（元）

乙方案：$2\ 460\times3.791+1\ 200\times0.621-9\ 000=1\ 071.06$（元）

因此应选择甲方案。

附录2 章节自测习题答案

第1章 章节自测习题答案

一、单项选择题

1. D 2. D 3. B 4. C 5. C 6. C 7. A 8. A 9. D 10. D

二、多项选择题

1. ABCDE 2. ABC 3. ABCD 4. ABC 5. ABD 6. ABCD 7. BCD 8. ACD 9. ABCD 10. AB 11. ABCE 12. AC 13. ABC

三、判断题

1. × 2. √ 3. √ 4. × 5. √ 6. × 7. √ 8. × 9. √ 10. ×

第2章 章节自测习题答案

一、单项选择题

1. A 2. B 3. A 4. B 5. A 6. D 7. C 8. A

二、多项选择题

1. BCD 2. AD 3. ABCD 4. ABCD 5. ACD

三、判断题

1. √ 2. × 3. √ 4. √ 5. × 6. √ 7. × 8. √

四、计算题

1. 解：

年金现值＝1 000·（P/A，10%，10）

计算求得，该研究所现在应存入银行6 145元才能实现该计划。

2. 解：

100 000＝A·（P/A，8%，20）

每年偿还额 A＝100 000÷（P/A，8%，20）

计算求得，每年应偿还的金额为2 185.70元。

3. 解：

存入金额=10 000·（P/A，10%，4）·（P/F，10%，2）

计算求得，甲公司年初存入了26 196元。

4. 解：

本利和=10 000·（F/P，5%，5）

计算求得，12 760元。

5. 解：

现在存入金额=20 000·（P/F，4%，3）

计算求得，17 780元。

6. 解：

租金现值=1 000·［（P/A，5%，4）+1］

计算求得，4 545.98元。

7. 解：

该公司投资收益现值=3·（P/A，6%，5）·（P/F，6%，3）-8

计算求得，该公司投资收益的现值为106 101.93元，大于投资成本，所以，该项目在财务上是可行的。

8. 解：（1）复利终值=1 000·（F/P，5%，5）

计算求得，若1年复利一次，5年后本利和是1 276.3元。

（2）复利终值=1 000·（F/P，2.5%，10）

实际利率=$(1+5\%\div2)^2-1$

计算求得，1 280.08元；实际利率为5.0625%。

9. 解：

第一种付款方式资金现值为240 000元；

方式二的现值=50 000·［（P/A，8%，4）+1］=215 605（元）

方式三的现值=40 000+40 000·(P/F,8%,1)+60 000·(P/F,8%,3)·(P/F,8%,1)

=220 204（元）

比较三种方式哪一种最小，即最优。因此，公司应该采用第二种方式付款。

10. 解：

90 000=A·（F/A，10%，5）

A=90 000÷（F/A，10%，5）=14 741.77（元）

第3章　章节自测习题答案

一、名词解释

略

二、单项选择题

1. D　2. D　3. B　4. A　5. B　6. C　7. A　8. A　9. C　10. B　11. B　12. D　13. C　14. D　15. B　16. B　17. C　18. C　19. A　20. C　21. D　22. B　23. C　24. D　25. D

三、多项选择题

1. ABD　2. ABCE　3. BC　4. ABCD　5. ABD　6. ABCDE　7. CD　8. BCD　9. BD　10. ABCD　11. ABD　12. BD　13. ABC　14. ABC　15. ACD　16. ABCE　17. ABD　18. ABCE　19. ABCD　20. AB

四、判断题

1× 　2. ×　3. √　4. √　5. √　6. ×　7. √　8. √　9. ×　10. ×　11. √　12. √　13. √　14. √　15. √　16. ×　17. √　18. √　19. ×　20. √　21. √　22. √　23. √　24. √　25. ×

五、简答题

1–9. 略

10. 答：

因为在现实世界里，要找到真正在报酬上完全负相关的两种资产似乎不太可能，所以老吴才会赔得一塌糊涂，他须以增加投资目标、建构投资组合的方式来进行投资活动，可能在不改变预期报酬的前提下，降低投资所面临的风险，而此增加投资目标的动作即称为多元化。不过，以多元化的方式来降低风险，必须在资产报酬间不具完全正相关的前提下才能达成。但由于现实世界里大概也不会有完全正相关的两种资产，因此利用多元化的投资来改善投资绩效，是有其正面的经济价值的。

六、计算题

1. 解：

（1）$\bar{K}_{(A)} = 20\% \times 0.3 + 10\% \times 0.5 + 5\% \times 0.2 = 12\%$

（2）$\bar{K}_{(B)} = 30\% \times 0.3 + 10\% \times 0.5 + 0 \times 0.2 = 14\%$

（3）$\delta_{(A)}=\sqrt{(20\%-12\%)^2\times0.3+(10\%-12\%)^2\times0.5+(5\%-12\%)^2\times0.2}=5.57\%$

（4）$\delta_{(B)}=\sqrt{(30\%-14\%)^2\times0.3+(10\%-14\%)^2\times0.5+(0-14\%)^2\times0.2}=11.14\%$

（5）$V_{(A)}=5.57\%\div12\%\times100\%=46.42\%$

（6）$V_{(B)}=11.14\%\div14\%\times100\%=79.57\%$

评价：B 方案的期望值要高于 A 方案，但从标准离差和标准离差率指标来看，B 方案的风险也大于 A 方案。

2. 解：

（1）计算 A 项目的期望值和标准离差

A 项目的期望值 $=30\%\times30\%+50\%\times10\%+20\%\times(-15\%)=11\%$

A 项目的标准离差 $=\sqrt{30\%\times(30\%-11\%)^2+50\%\times(10\%-11\%)^2+20\%\times(-15\%-11\%)^2}$

$=15.62\%$

A 项目的标准离差率 $=15.62\%\div11\%=1.42$

（2）计算 B 项目的期望值和标准离差。

B 项目的期望值 $=30\%\times20\%+50\%\times10\%+20\%\times5\%=12\%$

B 项目的标准离差 $=\sqrt{30\%\times(20\%-12\%)^2+50\%\times(10\%-12\%)^2+20\%\times(5\%-12\%)^2}$

$=5.58\%$

B 项目的标准离差率 $=5.58\%\div12\%=0.465$

（3）根据丙公司设定的项目选择标准，尽管 A 项目的期望报酬率满足丙公司的要求，但标准离差率太高，风险太大，不符合要求，不宜选取；B 项目的期望报酬率和标准离差率均符合丙公司设定的投资标准，丙公司应该选取 B 项目。

3. 解：

（1）证券市场线的斜率＝市场风险溢酬，由此可知：

市场风险溢酬＝8%

（2）证券市场线的截距＝无风险收益率，由此可知：

无风险收益率＝2.4%

甲股票的风险收益率＝甲股票的 β 系数×市场风险溢酬＝$1.2\times8\%=9.6\%$

甲股票的必要收益率＝无风险收益率＋甲股票的风险收益率＝$2.4\%+9.6\%=12\%$

（3）由于资本资产定价模型成立，所以：

甲股票的预期收益率=必要收益率=12%

（4）股票价格指数平均收益率=市场组合收益率=无风险收益率+市场风险溢酬=2.4%+8%=10.4%

（5）市场组合收益率的方差=市场组合收益率的标准离差×市场组合收益率的标准离差=30%×30%=9%

$$\text{乙股票的}\beta\text{系数}=\frac{\text{乙股票收益率与市场组合收益率的协方差}}{\text{市场组合收益率的方差}}=6.3\%\div 9\%=0.7$$

（6）资产组合的β系数=0.4×1.2+0.6×0.7=0.9

资产组合的必要收益率=2.4%+0.9×8%=9.6%

或：$\text{资产组合的必要收益率}=0.4\times\text{甲股票的必要收益率}+0.6\times\text{乙股票的必要收益率}=0.4\times 12\%+0.6\times(2.4\%+0.7\times 8\%)=9.6\%$

（7）资产组合的β系数=资产组合收益率与市场组合收益率的相关系数×资产组合收益率的标准离差÷市场组合收益率的标准离差，即：

0.9=0.8×资产组合收益率的标准离差÷30%

解得：

资产组合收益率的标准离差=33.75%

（8）$\text{资产组合收益率的方差}=0.3\times 0.3\times 18\%\times 18\%+2\times 0.3\times 0.7\times\text{甲乙股票收益率的协方差}+0.7\times 0.7\times 10\%\times 10\%$

即：

8.5%×8.5%=0.3×0.3×18%×18%+2×0.3×0.7×甲乙股票收益率的协方差+0.7×0.7×10%×10%

0.7225%=0.2916%+0.42×甲乙股票收益率的协方差+0.49%

解得：甲乙股票收益率的协方差=-0.14%

（9）$\text{甲乙股票收益率的协方差}=\text{甲乙股票收益率的相关系数}\times\text{甲的收益率标准离差}\times\text{乙的收益率标准离差}$-0.14%

=甲乙股票收益率的相关系数×18%×10%

解得：甲乙股票收益率的相关系数=-0.08

（10）$$\text{甲股票的风险价值系数}=\frac{\text{甲股票的风险收益率}}{\text{甲股票收益率的标准离差率}}=\frac{9.6\%}{\text{甲股票收益率的标准离差率}}$$

$$\text{甲股票收益率的标准离差率}=\frac{\text{甲股票收益率的标准离差}}{\text{甲股票的预期收益率}}=18\%\div 12\%=1.5$$

所以，甲股票的风险价值系数 $=\frac{9.6\%}{1.5}=6.4\%$

4. 解：

（1）①$\beta=50\%\times2+30\%\times1+20\%\times0.5=1.4$

②$R_P=1.4\times(15\%-10\%)=7\%$

③$K=10\%+1.4\times5\%=17\%$

④$K_A=10\%+2\times5\%=20\%$

（2）$V_A=1.2\times(1+8\%)\div(20\%-8\%)=10.8$（元/股）

A 股票当前每股市价 12 元大于 A 股票的价值，因而出售 A 股票对甲公司有利。

5. 解：

（1）贷出 20% 的资金，则 $\omega=0.2$。

$K_i=K_f\cdot\omega+K_m\cdot(1-\omega)=0.2\times8\%+(1-0.2)\times15\%=13.6\%$

$K_i=\omega\cdot K_f+(1-\omega)\cdot K_m=0+(1-0.2)\times20\%=16\%$

（2）借入 20% 的资金，则 $\omega=-0.2$。

$K_i=K_f\cdot\omega+K_m\cdot(1-\omega)=1.2\times15\%-0.2\times8\%=16.4\%$

$K_i=\omega\cdot K_f+(1-\omega)\cdot K_m=0+1.2\times20\%=24\%$

（3）$K_i=K_m=15\%$　$K_i=K_m=20\%$

（4）$K_i=K_f=8\%$　$K_i=K_f=0$

6. 解：

（1）计算报酬率的预期值：

A 方案报酬率的预期值 $=30\%\times0.2+20\%\times0.64+10\%\times0.2=20\%$

B 方案报酬率的预期值 $=50\%\times0.24-20\%\times0.6+(-10\%)\times0.2=20\%$

（2）计算标准离差

A 方案标准离差 $=6.32\%$

B 方案标准离差 $=18.97\%$

（3）计算变化系数

A 方案变化系数 $=6.32\%\div20\%=0.316$

B 方案变化系数 $=18.97\%\div20\%=0.9485$

（4）根据计算结果作出评价

在期望值相同的情况下，A 方案的标准离差小于 B 方案，说明 A 方案的风险小于 B 方案，由于报酬率的预期值相同，一般条件下应选 A

方案。

7. 解：

（1）投资组合的预期报酬率 = 20% ×25% +12% ×75% = 14%

（2）相关系数等于 1 时：组合标准离差 = 20%

相关系数等于 -1 时：组合标准离差 = 0

相关系数等于 0 时：组合标准离差 = 14.12%

相关系数等于 -0.4 时：组合标准离差 = 11%

8. 解：

$$20=\frac{2}{(1+R_y)}+\frac{24}{(1+R_y)^2}\Rightarrow \text{年报酬率}(R_y)=19.13\%$$

反之，$\text{总报酬率}=\frac{(2+2)+(24-20)}{20}=40\%$

第 4 章 章节自测习题答案

一、单项选择题

1. B 2. C 3. D 4. D 5. A 6. C 7. A 8. C 9. C 10. C

二、多项选择题

1. ACD 2. ACD 3. ABD 4. BC 5. ABD 6. ABCD 7. ABCD 8. ACD 9. BC 10. ABD 11. ABD 12. AC 13. ABC 14. ABCD

三、判断题

1. √ 2. × 3. √ 4. × 5. √ 6. × 7. × 8. √ 9. √ 10. √ 11. × 12. ×

四、计算题

1. 解：

利率为 10% 的发行价格为 102.18 元。

利率为 12% 的发行价格为 96.80 元。

利率为 15% 的发行价格为 89.42 元。

2. 解：

（1）198+20+15 = 233（万元）

（2）A = 40.37（万元）

（3）A = 46.43（万元）

第5章　章节自测习题答案

一、名词解释

1. 资本结构：资本结构是指企业各种资本的构成及比例关系。广义的资本结构是指全部资本的构成及比例关系，不仅包括长期资本，还包括短期资本（主要指短期债务）；狭义的资本结构指长期资本结构。

2. 净收益理论：净收益理论认为，由于债务融资方式的资本成本低于权益融资方式的资本成本且负债成本具有节税效应，这样，增加负债比例就可以降低公司的加权平均资本成本。随着负债比例的提高，公司的价值也逐渐增大。

3. 净营业收益理论：净营业收益理论认为，不论财务杠杆如何变化，公司加权平均资本成本都是固定的，因而公司的总价值也是固定不变的。

4. 传统理论：传统理论认为，适度负债并不会明显增加公司的财务风险，因为公司负债比例保持在一定限度之内时，由于财务杠杆的作用，负债会增加权益资本的报酬率，使公司股价上升，公司利用财务杠杆增加负债，尽管会因财务风险加大而导致权益成本上升，但财务风险和权益成本的增加速度不会很快，不会完全抵消因增加低成本的债务资本所获得的好处，因此，加权平均资本成本会有所下降，公司的总价值也会上升。

5. MM 理论：1958 年 6 月，美国著名财务学家、金融学家莫迪格莱尼（Modigliani）和米勒（Miller。）在他们的论文“资本成本、公司财务和投资理论”（载于《美国经济评论》）中首次提出并论证了公司的市场价值与资本结构无关，这就是最初的 MM 理论。

6. 资本成本：企业因筹集和使用资金而付出的代价，就是资本成本。这里的“资本”既包括企业投资者投入的资金（权益资本），也包括企业向债权人借入的资金（债务资本）。

7. 个别资本成本：个别资本成本是指各种资本来源的成本，包括债务成本、优先股成本、普通股成本、留存收益成本等。

8. 加权平均资本成本：加权平均资本成本，就是指企业以不同途径的资本金额占全部资本金额的比重为权数而加权平均所求得的全部资本的平均成本。

9. 边际资本成本：边际资本成本是指企业新筹集资金，当所筹资金的增量 $\Delta x \to 0$ 时，资本成本的增量 Δy 与资本增量 Δx 的比值。

10. 成本习性：所谓成本习性，是指成本总数与相关业务量的数量关系。按成本习性对企业成本进行分类，可将企业的成本划分为变动成本、固定成本和混合成本三类。

11. 经营杠杆：因固定成本的存在所产生的息税前利润变动大于产销量变动的杠杆效应称为经营杠杆效应。

12. 财务杠杆：因利息和优先股股息的固定性而导致的普通股收益变动大于息税前利润变动的杠杆效应称为财务杠杆。

13. 复合杠杆：指由于企业固定成本和固定财务费用的共同存在而导致的每股利润变动大于产销量变动的杠杆效应。

14. 资本成本比较法：是在资本成本计量原理的基础上，通过计算和比较各种预设资本结构方案的加权平均资本成本，选择加权平均资本成本最低的那个方案所设定的资本结构为企业最佳资本结构。

15. 资本结构调整：资本结构调整是指修订公司的资本结构。它是以不影响公司总体股本为前提重组公司的债务及股本组合。

二、单项选择题

1. C　2. C　3. A　4. C　5. A　6. A　7. C　8. D　9. D　10. C　11. B　12. A　13. D　14. B　15. A　16. A　17. C　18. C　19. D　20. C　21. D　22. A　23. C　24. B　25. A　26. D　27. A　28. A　29. A　30. B　31. B　32. B　33. C　34. D　35. C　36. B　37. D　38. C　39. B　40. A

三、多项选择题

1. ACD　2. AB　3. BD　4. BCD　5. AB　6. BCD　7. ACD　8. AC　9. AC　10. AC　11. AC　12. ACD　13. BC　14. ABCD　15. AD　16. ABCD　17. ABC　18. BCD　19. ACD　20. BC　21. AD　22. ABCD　23. AB　24. AC　25. ABD

四、判断题

1. ×　2. ×　3. √　4. ×　5. ×　6. √　7. ×　8. ×　9. √　10. ×

11. √ 12. √ 13. × 14. × 15. × 16. × 17. √ 18. √ 19. × 20. × 21. × 22. × 23. × 24. × 25. × 26. × 27. × 28. × 29. × 30. √

五、简答题

1. 答：

1958 年 6 月，美国莫迪格莱尼（Modigliani）和米勒（Miller）提出并论证了公司的市场价值与资本结构无关，这就是最初的 MM 理论。MM 理论的基本结论可以简要地归纳为：在符合该理论的假设之下，公司的价值与其资本结构无关。公司的价值取决于其实际资产，而不是其各类债权和股权的市场价值。

2. 答：

在企业的资本结构决策中，合理地利用债权筹资，科学地安排债权资本的比例，是企业筹资管理的一个核心问题。它对企业具有重要的意义：（1）合理安排债权资本比例可以降低企业的综合资本成本率；（2）合理安排债权资本比例可以获得财务杠杆利益；（3）合理安排债权资本比例可以增加公司的价值。

3. 答：

一般来说，影响企业资本结构的因素主要包括：

（1）宏观经济状况；

（2）企业的经营状况；

（3）企业的财务目标和；

（4）投资者的行为等。

4. 答：

影响经营杠杆系数的因素有：

（1）产品供求（销量）；

（2）产品售价（单价）；

（3）单位产品变动成本；

（4）固定成本。

影响经营财务系数的因素有：

（1）资本规模；

（2）资本结构；

（3）债务利率；

（4）优先股股息；

（5）息税前利润。

5. 答：

加权平均资本成本，就是指企业以不同途径的资本金额占全部资本金额的比重为权数而加权平均所求得的全部资本的平均成本。个别资本占全部资本的比重，有三种确定方法：（1）账面价值权数；（2）市场价值权数；（3）目标价值权数。

账面价值权数，资料容易取得。但当资本的账面价值与市场价值差别较大时，计算结果会与实际有较大的差距；以市场价值权数是计算的加权平均资本成本，能反映企业目前的实际情况；以目标价值权数能体现期望的资本结构，而不是像账面价值权数和市场价值权数那样只反映过去和现在的资本结构，所以目标价值权数计算的加权平均资本成本更适用于企业筹措新资金，但是企业很难客观合理地确定证券的目标价值，又使这种计算方法不易推广。

6. 答：

（1）资本成本对企业筹资决策的影响主要有以下四个方面：①资本成本是影响企业筹资总额的重要因素；②资本成本是企业选择资金来源的基本依据；③资本成本是企业选用筹资方式的参考标准；④资本成本是确定最优资本结构的主要参数；

（2）资本成本在投资决策中的作用。资本成本对企业投资项目的可行性分析与投资方案的选择具有重要的作用。①在利用净现值指标进行投资决策时，常以资本成本作折现率；②在利用内部收益率指标进行决策时，一般以资本成本作为基准收益率。

7. 答：

资本成本比较法是在资本成本计量原理的基础上，通过计算和比较各种预设资本结构方案的加权平均资本成本，选择加权平均资本成本最低的那个方案所设定的资本结构为企业最佳资本结构。这种方法侧重于从资本投入的角度对资本结构进行优选分析评价。

计算步骤为：①首先计算初始资本结构的个别资金成本、各类资金来源及其比重；②再依次计算可供选择的各方案的加权平均资金成本；

③比较各方案的加权平均资金成本，以最低者为优。

8. 答：

资本成本包括资金筹集费和资金占用费两部分。资金筹集费是指在资金筹集过程中支付的各项费用，如发行股票、债券，支付的印刷费、发行手续费、律师费、资信评估费、公证费、担保费、广告费等。资金占用费是指占用资金支付的费用，是企业支付给投资者的投资报酬，如股票的股利、银行借款和企业债券的利息等，这是资本成本中最主要、最带有本质特性的部分。

9. 答：

资本结构调整的原因主要有：

（1）成本过高；

（2）风险过大；

（3）弹性不足；

（4）约束机制。

10. 答：

资本结构调整的方式主要有：

（1）内涵式调整

内涵式调整资本结构，实质是企业资产存量、负债和所有者权益之间的调整和转换。基本前提是企业的资产规模不变，但权益之间进行相应转换。

（2）扩张式调整

扩张式调整资本结构是指通过扩大资产规模的同时，调整企业的资本结构。

（3）收缩式调整

收缩式调整企业资本结构是指通过减少现有企业资产规模来重新调整企业的资本结构。

六、计算题

1. 解：

（1）股利折现模型：

普通股成本 $=0.8\div[8\times(1-6\%)]\times100\%+2\%=12.64\%$

（2）资本资产定价模型：

普通股成本 = $R_f+\beta(R_m-R_f)$ = 8% +1.2×（12% -8%）= 12.8%

（3）无风险利率加风险溢价法：

普通股成本＝无风险利率+风险溢价＝8% +4% ＝12%

2. 解：

DOL＝280×（1-60%）÷80＝1.4

DFL＝80÷（80-200×45% ×12%）＝1.16

DTL＝1.4×1.16＝1.62

3. 解：

（1）年利息＝1 000×40% ×5% ＝20（万元）

固定成本＝220-20＝200（万元）

DOL＝（1 000-1 000×30%）÷（700-200）＝1.4

DFL＝500÷（500-20）＝1.04

DTL＝1.4×1.04＝1.46

（2）每股利润增长率＝1.46×50% ＝73%。

4. 解：

（1）筹资前资本结构为：长期借款 40%，普通股 60%

借款成本＝10% ×（1-33%）＝6.7%

普通股成本＝2×（1+5%）÷20+5% ＝15.5%

加权平均资金成本＝6.7% ×40% +15.5% ×60% ＝11.98%

（2）新借款成本＝12% ×（1-33%）＝8.04%

增加借款筹资方案的加权平均资金成本＝6.7% ×（800÷2 100）+15.5% ×（1 200÷2 100）+ 8.04% ×（100÷2 100）＝11.76%

普通股资金成本＝［2×（1+5%）］÷25+5% ＝13.4%

增加普通股筹资方案的加权平均资金成本＝6.7% ×（800÷2 100）+13.4% ×（1 200+100）÷2 100 ＝10.85%

该公司应选择普通股筹资。

5. 解：

（1）（EBIT-0）×（1-33%）÷30＝（EBIT-45）×（1-33%）÷20

求得：EBIT＝135 万元

（2）企业息税前利润为 135 万元，发行普通股和公司债券所带来的普通股每股净收益相等，如果企业息税前利润为 200 万元，由于发行公司债券可带来税负抵免的好处，公司应选择B方案。

6. 解：

（1）增发股票方案的下列指标：

①2002年增发普通股股份数＝10 000 000÷5＝2 000 000（股）＝200（万股）

②2002年全年债券利息＝1 000×8%＝80（万元）

（2）增发公司债券方案下的2002年全年债券利息＝（1 000+1 000）×8%＝160（万元）

（3）计算每股利润的无差异点

①（EBIT−80）÷4 200＝（EBIT−160）÷4 000

每股利润无差异点的息税前利润＝（160×4 200−80×4 000）÷（4 200−4 000）＝1 760（万元）

②因为预计息税前利润＝2 000万元>每股利润无差异点的息税前利润＝1 760（万元）

所以应当通过增加发行公司债的方式筹集所需资金（或：应按方案二筹资）

7. 解：

个别资本比重：

银行借款比重＝ 300÷2 000 ＝ 15%

债券资金比重＝500÷2 000＝25%

优先股资金比重＝200÷2 000＝10%

普通股资金比重＝600÷2 000 ＝30%

留存收益资金比重＝400÷2 000＝20%

个别资本成本：

银行借款成本＝300×4%×（1−33%）÷（300−4）＝2.72%

债券资金成本＝100×6%×（1−33%）÷［102×（1−2%）］＝4.02%

优先股资金成本＝10%÷1×（1−4%）＝10.42%

普通股资金成本＝2.40÷［15×（1−4%）］+5%＝21.67%

留存收益资金成本＝2.4÷15 + 5%＝21%

加权平均资金成本＝2.72%×15%+4.02%×25%+10.42%×10%+21.67%×30%

+ 21% × 20% ＝ 0.41% + 1.01% + 1.04% + 6.50% + 4.2%

＝13.16%

年投资收益率＝248/2 000＝12.4%

资金成本 13.15% >投资收益率 12.4%，因此不该筹资投资该项目。

8. 解：

增资前的资金总额 = 400+200+50×20 = 400+200+1 000 = 1 600（万元）

增资后的资金总额 = 400+200+50×20+400 = 1 600+400 = 2 000（万元）

增资前个别资金成本：

债券个别资金成本 = 8%×（1-30%）÷（1-0）= 5.6%

优先股个别资金成本 = 12%÷（1-0）= 12%

普通股个别资金成本 = 3÷［20×（1-0）］+ 6% = 21%

增资前加权资金成本 = 5.6%×400÷1 600+12%×200/1 600+21%×1 000/1 600
= 16.025%

增资后个别资金成本：

债券个别资金成本 = 8%×（1-30%）÷（1-0）= 5.6%

债券个别资金成本 = 10%×（1-30%）÷（1-0）= 7.0%

优先股个别资金成本 = 12%÷（1-0）= 12%

普通股个别资金成本 = 3.20 ÷［25×（1-0）］+6% = 18.8%

增资后加权资金成本 = 5.6%×400÷2 000+7.0%×200÷2 000+12%×200÷2 000+18.8%×1 200÷2 000
= 14.30%

增资后的资金成本为 14.30% 比增资前的资金成本 16.025% 有所降低，因此企业财务状况和资本结构有所改善。

9. 解：

（1）普通股筹资与债券筹资的每股收益无差别点：

（EBIT-30）×（1-30%）÷（12+6）=（EBIT-30-300×10%）×（1-30%）÷12

EBIT = 120 万元

普通股筹资与优先股筹资的每股收益无差别点：

（EBIT-30）×（1-30%）÷（12+6）=［（EBIT-30）×（1-30%）-300×12%］÷12

EBIT = 184.29 万元

（2）扩大业务后各种筹资方式的每股利润分别为：

增发普通股：每股利润 =（300-30）×（1-30%）÷（12+6）= 10.5（元/股）

增发债券：每股利润 =（300-30-300×10%）×（1-30%）÷12 = 14（元/股）

发行优先股：$\text{每股利润} = [(300-30) \times (1-30\%) - 300 \times 12\%] \div 12$

$= 12.75$（元/股）

因为增发债券的每股利润最大，所以企业应当选择债券筹资方式。

10. 解：

(1)

项目	发行债券	发行优先股	增发普通股
营业利润（万元）	1 600+400=2 000	2 000	2 000
现有债务利息（万元）	3 000×10%=300	300	300
新增债务利息（万元）	4 000×11%=440		
税前利润（万元）	1 260	1 700	1 700
所得税（万元）	1 260×40%=504	1 700×40%=680	680
税后利润（万元）	756	1 020	1 020
优先股红利（万元）		4 000×12%=480	
普通股收益（万元）	756	540	1 020
股数（万股）	800	800	800+4 000÷20=1 000
每股收益（元/股）	0.95	0.68	1.02

(2) 增发普通股和债券筹资的每股利润无差别点：

$(EBIT-300) \times (1-40\%) \div 1\,000 = (EBIT-740) \times (1-40\%) \div 800$

$EBIT = 2\,500$

增发普通股和优先股筹资的每股利润无差别点：

$(EBIT-300) \times (1-40\%) \div 1\,000 = [(EBIT-300) \times (1-40\%) - 480] \div 800$

$EBIT = 4\,300$

(3) 筹资前的财务杠杆 $= 1\,600 \div (1\,600-300) = 1.23$

发行债券的财务杠杆 $= 2\,000 \div (2\,000-740) = 1.59$

发行优先股财务杠杆 $= 2\,000 \div [2\,000-300-480 \div (1-40\%)] = 2\,000 \div 900 = 2.22$

增发普通股的财务杠杆 $= 2\,000 \div (2\,000-300) = 1.18$

（4）由于增发普通股每股利润（1.02）大于其他方案，且其财务杠杆系数（1.18）小于其他方案，即增发普通股方案3收益性高且风险低，所以方案3优于其他方案。

第6章　章节自测习题答案

一、单项选择题

1. B　2. C　3. C　4. D　5. C　6. B　7. A　8. B　9. B　10. A

二、多项选择题

1. ABD　2. ACD　3. CD　4. ACD　5. AC　6. BD　7. ABC　8. BC　9. ABD　10. BD

三、判断题

1. ×　2. ×　3. ×　4. √　5. √　6. ×　7. ×　8. ×　9. √　10. ×

四、计算题

1. 解：

年折旧额 = 10÷5 = 2 NCF_0 = −10NCF_{1-5} = 1+2 = 3

（1）会计收益率 = 1÷10×100% = 10%　投资回收期 = 10÷3 = 3.33（年）

（2）净现值 = 3×（P/A，10%，5）−10 = 1.3724（万元）

净现值率 =［3×（P/A，10%，5）−10］÷10 = 0.13724

（3）现值指数 = 3×（P/A，10%，5）÷10 = 1.13724

3×（P/A，i，5）−10 = 0

查表，结合插值法，得出：

内含报酬率 = 15.24%

2. 解：

年折旧额 =（15 500−500）÷3 = 5 000（元）

NCF_0 = −15 500×NCF_1 = 6 000×NCF_2 = 8 000×NCF_3 = 10 000（元）

净现值 = 6 000×（P/A，18%，1）+8 000×（P/A，18%，2）+10 000×（P/A，18%，3）−15 500

= 1 720.9（元）

净现值 = 6 000×（P/A，i，1）+8 000×（P/A，i，2）+10 000×（P/A，i，3）−15 500

= 0

采用逐次测试法结合插值法的方式，获得：

内含报酬率=24.24%

3. 解：

设原始投资额为I，所以，I/NCF=3.5，所以I=3.5NCF

NCF·（P/A，i，8）-3.5NCF=0

即：（P/A，i，8）=3.5

查表，结合插值法，可得：

内含报酬率=23.32%

4. 解：

年折旧额=（100-5）÷5=19（万元）

年净利润=［80-（35+19）］·（1-40%）=15.6（万元）

NCF_0=-100 NCF_{1-4}=15.6+19=34.6　NCF_5=15.6+19+5=39.6（万元）

净现值=34.6·（P/A，10%，4）+39.6·（P/F，10%，5）-100

=34.26618（万元）

5. 解：

NCF_0=-50（万元）

NCF_{1-3}=（30-15-0.6）·（1-40%）+15=23.64（万元）

NCF_4=（30-0.6）·（1-40%）+5=22.64（万元）

NPV=23.64·（P/A，10%，3）+22.64·（P/A，10%，4）-50

=24.25（万元）

因此，该方案可行。

6. 解：

用现金净流出量分析来计算比较：

大修方案：现金净流出量 $=20\,000+8\,000\times PVIF_{18\%,5}-5\,000\times PVIF_{18\%,10}+18\,000\times PVIFA_{18\%,10}$

$=20\,000+8\,000\times0.437-5\,000\times0.191+18\,000\times4.494=103\,433$（元）

新购方案：现金净流出量 $=60\,000-7\,000+2\,500\times PVIF_{18\%,5}-5\,000\times PVIF_{18\%,10}+10\,000\times PVIFA_{18\%,10}$

$=60\,000-7\,000+2\,500\times0.437-5\,000\times0.191+10\,000\times4.494$

$=98\,077.5$（元）

答：因公司新购方案现金流出量小于大修方案，所以应选择新购方案。

（注：本题未提供现金流入量即收入、折旧、税收等，故只能比较两方案的现金净流出量）

7. 解：

每年的折旧额 = 6 000÷5 = 1 200（万元）

每年营业现金净流量 =（3 600−1 200−1 200）×（1−30%）+1 200

= 2 040（万元）

NCF_0 = −2 000（万元）

NCF_1 = −2 000（万元）

NCF_2 = −2 000（万元）

NCF_3 = −500（万元）

NCF_{4-7} = 2 040（万元）

NCF_8 = 2 040+500 = 2 540（万元）

则项目的投资回收期 = 6+380÷2 040 = 6.19（年）

净现值 = 2 040×（P/A，10%，5）×（P/F，10%，3）+500×（P/F，10%，8）−［2 000+2 000×（P/A，10%，2）+500×（P/F，10%，3）］

= 196.60（万元）

8. 解：

（1）每年的折旧额 =（31 000−1 000）÷4 = 7 500（元）

第 1 年的税后净利润 = 40 000+（20 000−8 000−7 500）×（1−40%）

= 42 700（元）

第 2 年的税后净利润 = 40 000+（40 000−24 000−7 500）×（1−40%）

= 45 100（元）

第 3 年的税后净利润 = 40 000+（30 000−10 000−7 500−8 500）×（1−40%）

= 42 400（元）

（2）第 1 年营业现金流量 =（42 700−40 000）+7 500 = 10 200（元）

第 2 年营业现金流量 =（45 100−40 000）+7 500 = 12 600（元）

第 3 年营业现金流量 =（42 400−40 000）+7 500+8 500 = 18 400（元）

净现值 = 10 200×0.9090+12 600×0.8260+18 400×0.7510−31 000

= 2 497.80（元）

9. 解：

（1）计算甲、乙方案各年的净现金流量

①甲方案各年的净现金流量。

折旧额 =（100−5）÷5 = 19（万元）

NCF_0 = −150（万元）

NCF_{1-4} =（90−60）+19 = 49（万元）

$NCF_5 = 49+55 = 104$（万元）

②乙方案各年的现金流量。

折旧额 =（120-8）÷5 = 22.4（万元）

$NCF_0 = -120$（万元）

$NCF_1 = 0$

$NCF_2 = -80$（万元）

NCF_{3-6} =（170-80-22.4）+22.4 = 90（万元）

$NCF_5 = 90+80+8 = 178$（万元）

（2）计算甲、乙方案的投资回收期

甲方案的投资回收期 = 150÷49 = 3.06（年）

乙方案包括建设期的静态投资回收期 = 2+200÷90 = 4.22（年）

（3）计算甲、乙方案的会计收益率

甲方案的净利润 = 90-60 = 30（万元）

乙方案的净利润 = 170-80-22.4 = 67.6（万元）

甲方案的会计收益率 = 30÷150 = 20%

乙方案的会计收益率 = 67.6÷200 = 33.8%

（4）计算甲、乙方案的净现值

甲方案的净现值 = 49×（P/A，10%，5）+55×（P/F，10%，5）-150
= 69.90（万元）

乙方案的净现值 = 90×（P/A，10%，5）×（P/F，10%，2）+88×（P/F，10%，7）-80×（P/F，10%，2）-120
= 141.01（万元）

第7章　章节自测习题答案

一、名词解释

略

二、单项选择题

1. C　2. C　3. A　4. A　5. B　6. C　7. B　8. B　9. B　10. D　11. B　12. A　13. C　14. C　15. B　16. C　17. C　18. A　19. C　20. C　21. D　22. D　23. D　24. C　25. B

三、多项选择题

1. ACD　2. ABD　3. ACD　4. ABCD　5. ABCD　6. BCD　7. ABD　8. ABCD　9. BCDE　10. AD　11. BC　12. BCD　13. AB　14. AC

15. BCD　16. AC　17. ABD　18. ABCD　19. BC　20. ABD　21. ABC　22. ABCD

四、判断题

1. ×　2. √　3. √　4. ×　5. √　6. ×　7. ×　8. √　9. ×　10. ×　11. √　12. √　13. √　14. √　15. √　16. ×　17. √　18. √　19. ×　20. √

五、简答题

略

六、计算题

1. 解：

2×11 年 5 月 1 日的价值 = 80+80×（P/A，10%，2）+1 000×（P/F，10%，2）

= 80+80×1.7355+1 000×0.8264

= 1 045.24（元）

2. 解：

（1）债券的发行价 = 1 000×10%×（P/A，9%，5）+1 000×（P/F，9%，5）

= 100×3.8897+1 000×0.6499

= 1 038.87（元）

（2）2×15 年 1 月 1 日的到期收益率

1 049.06 = 1 000×10%×（P/A，i，4）+1 000×（P/F，i，4）

用 8%，9% 试算可得 i = 8.495%。

（3）到期收益率

900 =（1 000×10%+1 000）×（P/F，i，1）

内插法计算 i = 21.73%。

3. 解：

（1）甲股票的预期收益率 = 1.2÷9×100% = 13.33%

（2）乙股票的必要收益率 = 8%+1.2×（13%−8%）= 14%

（3）乙股票预计第 1 年的每股股利为 1 元

预计第 2 年的每股股利 = 1×（1+4%）= 1.04（元）

预计第 3 年的每股股利 = 1.04×（1+4%）= 1.0816（元）

预计第 4 年的每股股利 = 1.0816×（1+3%）= 1.1140（元）

预计第 5 年的每股股利 = 1.1140×（1+3%）= 1.1474（元）

预计前 5 年的股利现值之和 = 1×（P/F，14%，1）+1.04×（P/F，14%，2）+

$1.0816\times(P/F, 14\%, 3)+1.1140\times(P/F, 14\%, 4)+$
$1.1474\times(P/F, 14\%, 5)$
$=0.8772+0.8003+0.7301+0.6596+0.5960$
$=3.6632$（元）

预计第六年及以后各年的股利在第6年年初（第5年年末）的现值之和 $=1.1474\times(1+2\%)\div(14\%-2\%)$

$=9.7529$（元）

预计第6年及以后各年的股利在第1年年初的现值之和 $=9.7529\times(P/F, 14\%, 5)=5.0657$（元）

所以，乙股票目前的内在价值 $=3.6632+5.0657=8.73$（元）。

（4）由于甲股票的预期收益率（13.33%）高于必要收益率（12%），乙股票的内在价值（8.73元）高于市价（8元），所以，甲、乙股票均值得购买。

（5）$12\%=8\%+$甲股票的 β 系数 $\times(13\%-8\%)$，由此可知：甲股票的 β 系数 $=0.8$。

（6）投资组合的 β 系数 $=(100\times9)\div(100\times8+100\times9)\times0.8+(100\times8)\div(100\times8+100\times9)\times1.2$

$=0.99$ 投资组合的风险收益率

$=0.99\times(13\%-8\%)$

$=4.95\%$

（7）乙股票的本期收益率 $=\dfrac{\text{上年每股股利}}{\text{当日收盘价}}\times100\%=0.8/8.2\times100\%=9.76\%$

4. 解：

（1）$$\text{债券的价值}=1\,000\times9\%\times\frac{1-\dfrac{1}{(1+10\%)^4}}{10\%}+1\,000\times\frac{1}{(1+10\%)^4}$$

$=968.29$（元）

（2）按市价950元购买的实际收益率：

债券价值（10%）= 968.29（元）（计算过程同上）

$$\text{债券价值}(12\%)=1\,000\times9\%\times\frac{1-\dfrac{1}{(1+12\%)^4}}{12\%}+1\,000\times\frac{1}{(1+12\%)^4}$$

$=908.86$（元）

实际收益率 $=10\%+(12\%-10\%)\times\dfrac{968.29-950}{968.29-908.86}$

$=10.62\%$

结论：债券价值大于市价，应该投资此债券，如按市价购买，实际收益率为10.62%。

5. 解：

（1）A公司股票价值 $=\dfrac{1.2}{10\%}=12$（元/股）

（2）B公司股票价值 $=\dfrac{1.10}{12\%-5\%}=15.71$（元/股）

（3）C公司股票价值 $=0.80\times(1+16\%)\times\dfrac{1}{(1+12\%)}+0.80\times(1+16\%)^2\times\dfrac{1}{(1+12\%)^2}+0.80\times(1+16\%)^3\times\dfrac{1}{(1+12\%)^3}+\dfrac{0.80\times(1+16\%)^3\times(1+6\%)}{12\%-6\%}\times\dfrac{1}{(1+12\%)^3}$

$=0.83+0.86+0.89+\dfrac{1.32}{6\%}\times0.7118$

$=2.58+15.66=18.24$（元/股）

6. 解：

（1）债券发行价值 $=(1\,000+1\,000\times4\%\times3)\times(P/F,8\%,3)=889.28$（元）

（2）2013年5月1日的价值 $=(1\,000+1\,000\times4\%\times3)\times(P/F,8\%,2)=959.84$（元）

（3）$900=(1\,000+1\,000\times4\%\times3)\times(P/F,i,2)$

$(P/F,i,2)=0.8036$，插值法计算，$i=11.53\%$

7. 解：

该债券的内含价值为：

价值 $=\dfrac{100}{1+12\%}+\dfrac{100}{(1+12\%)^2}+\dfrac{100}{(1+12\%)^3}+\dfrac{100}{(1+12\%)^4}+\dfrac{1\,100}{(1+12\%)^5}=$ 927.90（万元），因为927.90万元<950万元，所以不应购买该债券。

8. 解：

已知：$\beta=2.5$，$R_m=6\%$，$R_F=10\%$

（1）$R=R_m+\beta(R_F-R_m)$

$=6\%+2.5\times(10\%-6\%)$

$= 16\%$

(2) $g = 6\%$

$$V_0 = \frac{D_1}{R_S - g} = 1.5 \div (16\% - 6\%) = 15\ (元)$$

(3)

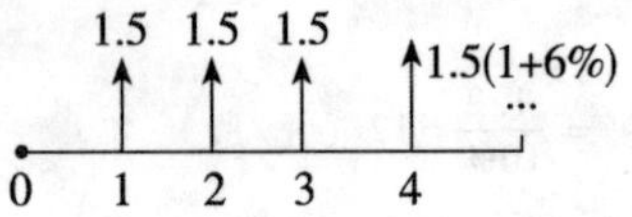

$$V_0 = 1.5 \times (P/A, 16\%, 3) + \{[1.5 \times (1+6\%)] \div (16\% - 6\%)\}(P/F, 16\%, 3)$$
$$= 1.5 \times 2.2459 + 15.9 \times 0.6407$$
$$= 13.56\ (元)$$

第8章　章节自测习题答案

一、名词解释

1. 营运成本：营业成本有广义和狭义之分。广义的营运资本是指总营运资本，简单来说就是指在生产经营活动中的短期资产；狭义的营运资本则是指经营运资本，是短期资产减去短期负债的差额。通常所说的营运资本多指后者。

2. 短期融资是指为满足公司临时性流动资产需要进行的融资活动，通常是指短期负债融资。

3. 短期金融资产：指能够随时变现并且持有时间不准备超过1年（含1年）的金融资产，包括股票、债券、基金等。

4. 银行信用是从银行或货币市场及其他金融机构获得短期筹资，包括短期借款（无抵押借款和抵押借款）和商业票据。

5. 现金持有成本：即机会成本，是指持有现金所放弃的收益，这种成本通常为有价证券的利息率，它与现金余额成正比例变化。

6. 现金转换成本：即交易成本，是指现金与有价证券转换的固定成本，包括经纪人费用、捐税及其他管理成本，这种成本只与交易的次数有关，而与现金的持有量无关。

7. 信用标准：是企业同意向顾客提供商业信用而提出的基本要求。通常以预期的坏账损失率作为判断标准。

8. 信用条件：是指企业要求顾客支付赊销款项的条件，包括信用期限、折扣期限和现金折扣。

9. 5C 评估法：指重点分析影响信用的五个方面的一种方法。这五个方面是品德（character）、能力（capacity）、资本（capital）、抵押品（collateral）和情况（conditions），因其英文的第一个字母都是 C，故称之为 5C 评估法。

10. 信贷额度也就是贷款限额，借款人与银行在协议中规定的允许借款人借款的最高限额。

11. 经济批量：是指一定时期储存成本和订货成本总和最低的采购批量。

12. 保险储备：又称安全储备，是指为防止存货使用量突然增加或者交货期延误等不确定情况所持有的存货储备。

13. 再订货点：订购下一批存货时本批存货的储存量。

14. 订货成本：指为订购材料、商品而发生的成本，一般与订货的数量无关，而与订货次数有关。

15. 储存成本：指在物资储存过程中发生的仓储费、搬运费、保险费、占用资金支付的利息费等。

二、单项选择题

1. C　2. B　3. B　4. C　5. D　6. B　7. C　8. B　9. B　10. C
11. A　12. D　13. B　14. B　15. B　16. D　17. D　18. A　19. D　20. D
21. B　22. D　23. D　24. B　25. A

三、多项选择题

1. ABCDE　2. ABC　3. ABE　4. ABCDE　5. ACDE　6. BCDE
7. BC　8. DE　9. ABC　10ADE　11. ABC　12. ABD　13. ABC　14. CD
15. ABDE　16. ABCD　17. CD　18. AD　19. ACDE　20. ABCDE

四、判断题

1. √　2. ×　3. √　4. ×　5. ×　6. ×　7. √　8. √　9. ×　10. √
11. ×　12. √　13. √　14. ×　15. ×　16. √　17. ×　18. √　19. ×
20. ×

五、简答题

1. 答：

营运资本管理应遵循的原则有：

(1) 认真分析生产经营状况，合理确定营运资本的需要数量；

(2) 在保证生产经营需要的前提下，节约使用资金；

(3) 加速营运资本的周转，提高资金的利用效率

(4) 合理安排短期资产与短期负债的比例关系，保障企业有足够的短期偿债能力。

2. 答：

现金管理的目标在于：如何在现今的流动性和收益性之间进行合理选择，即在保证正常业务经营需要的同时，尽可能降低现金的占有量，并从暂时闲置的现金中获得最大的投资收益。

现金管理的内容包括：编制现金收支计划，以便合理估计未来的现金需求；对日常的现金收支进行控制，力求加速收款，延缓付款；用特定的方法确定最佳现金余额，当企业实际的现金余额与最佳的现金余额不一致时，采用短期融资策略或采用归还借款和投资于有价证券等策略来达到理想状况。

3. 答：

现金日常管理控制的主要方法有：

(1) 现金流动同步化。为了尽量减少企业持有现金带来的成本增加和盈利减少，企业财务人员需要提高预测和管理能力，使现金流入和流出能够合理配合，实现同步化的理想效果。现金流动同步化的实现可以使企业的现金余额减到最小，从而减少持有成本，提高企业的盈利水平。

(2) 合理估计"浮存"。所谓"浮存"，是指企业账簿中的现金余额与银行记录中的现金余额的差额。由于企业支付、收款与银行转账业务之间存在时滞，这会使本应显示同一余额的企业账簿和银行记录出现差异。为了保证企业的安全运转，财务人员必须对这个差异有清楚的了解，以正确判断企业的现金持有情况，避免出现高估或低估企业现金余额的错误。

(3) 加速应收账款收现。应收账款收现延迟的一部分原因是企业无法控制的，比如银行的操作、邮局的效率等，但有一部分原因是企业应该注意和尽量处理的，比如开户银行的选择、应收账款的信用政策，

等等。企业应该从各个方面努力加速应收账款的收现，并适当采用一些加速收款技术，如集中银行、锁箱系统、在线支付或自动转账系统等。

4. 答：

存货的功能与成本主要有：

1）存货的功能：

（1）存储必要的原材料、在制品、以保证生产正常进行。

（2）存储必要的产成品有利于销售，因为顾客要成批采购，运输也要有一定批量。

（3）便于均衡生产，降低产品成本。季节性产品需求不稳定，有时生产能力不能充分运用，有时又超负荷生产，而均衡生产有助于降低成本，但不可避免有存货。

（4）留有保险储备，可防意外事件。

2）存货成本

（1）采购成本：买价+运杂费。一般与采购数量呈正比。在批量决策时，一般属于无关成本，但有数量折扣例外。

（2）订货成本：它与订货数量无关，而与订货次数呈正比。订货成本=订货次数×每次订货成本。

（3）储存成本：包括仓储费、搬运费、保险费、占用资金的利息等。储存成本=平均存货量 × 单位储存成本。

（4）变质过时成本：指储存时间过长引起变质与过时造成的成本。一般不考虑。

（5）缺货成本，由于缺少存货不能满足生产和销售而造成的损失。一般不易确定。应予适当考虑。

5. 答：

应收账款的功能是指其在生产经营中的作用，主要有以下方面：

（1）增加销售的功能。在市场竞争比较激烈的情况下，赊销是促进销售的一种重要方式。进行赊销的企业，实际上是向顾客提供了两项交易：①向顾客销售产品；②在一个有限的时期内向顾客提供资金。虽然赊销仅仅是影响销售量的因素之一，但在银根紧缩、市场疲软、资金匮乏的情况下，赊销的促销作用是十分明显的，特别是在企业销售新产品、开拓新市场时，赊销更具有重要的意义。

(2) 减少存货的功能。企业持有产成品存货，要追加管理费、仓储费和保险费等支出；相反，企业持有应收账款，就不需要上述支出。因此，无论是季节性生产企业还是非季节性生产企业，当产成品存货较多时，一般都可采用较为优惠的信用条件进行赊销，把存货转化为应收账款，减少产成品存货，节约各种支出。

应收账款的成本包括：

(1) 应收账款的机会成本。投放于应收账款而放弃的其他收入，即为应收账款的机会成本，这种成本一般按有价证券的利息率计算

(2) 应收账款的管理成本。主要包括调查顾客信用情况的费用、收集各种信用的费用、账簿的记录费用、收账费用等。

(3) 应收账款的坏账成本。指应收账款因故不能收回而发生的损失。此项成本一般与应收账款发生的数量呈正比。

6. 答：

所谓5C评估法，是指重点分析影响信用的五个方面的一种方法。这五个方面英文的第一个字母都是C，故称之为5C评估法。这五个方面是：

(1) 品德（character），指顾客愿意履行其付款义务的可能性。在信用评估中是最重要的因素。

(2) 能力（capacity），指顾客偿还货款的能力。这主要根据顾客的经营规模和经营状况来判断。

(3) 资本（capital），指一个企业的财务状况，这主要根据有关的财务比率进行判断。

(4) 抵押品（collateral），指顾客能否为获取商业信用提供担保资产。如有担保资产，则对顺利收回贷款比较有利。

(5) 情况（conditions），指一般的经济情况对企业的影响，或某一地区的一些特殊情况对顾客偿还能力的影响。通过以上五个方面的分析，基本上可以判断顾客的信用状况，为最后决定是否向顾客提供商业信用做好准备。

7. 答：

存货ABC分类管理的步骤一般如下：

（1）计算每一种存货在一定时间内（一般为1年）的资金占用额；

（2）计算每一种存货资金占用额占全部资金占用额的百分比，并按大小顺序排列，形成表格；

（3）根据事先测定好的标准，把最重要的存货划为A类，把一般存货划为B类，把不重要的存货划为C类，并画图表示出来；

（4）对A类存货进行重点规划和控制，对B类存货进行次重点管理，对C类存货只进行一般管理。

8. 答：

它是银行要求借款人在银行中保持按贷款限额或实际借款额的一定百分比计算的最低存款余额。补偿性余额的要求提高了借款的实际利率。实际利率的计算公式为：

$$\text{补偿性余额贷款实际利率}=\frac{\text{名义利率}}{1-\text{补偿性余额比率}}$$

补偿性余额有助于银行降低贷款风险，补偿其可能遭受的损失；但对借款企业来说，补偿性余额则提高了借款的实际利率，加重了企业的利息负担。

9. 答：

周转信贷协定是银行从法律上承诺向企业提供不超过某一最高限额的贷款协定。在协定的有效期内，只要企业借款总额未超过最高限额，银行必须满足企业任何时候提出的借款要求。企业享有周转协定，通常要对贷款限额的未使用部分付给银行一笔承诺费。

10. 答：

商业信用融资的优缺点

（1）信用融资的优点

①自然性融资。商业信用伴随商品交易和劳务交易产生，属于一种自然性融资，不用进行特殊的筹资安排。

②融资成本低。具体表现为：若销货方不提供现金折扣，购货方在信用期期末付款，不发生融资成本；若购货方享受现金折扣，在折扣期内利用商业信用融资的成本也很低。

③限制条件少。商业信用按照合同与结算制度或惯例取得，不需经

过借款申请、审议、批准和资产抵押等程序。与银行信用相比，限制条件较少。

（2）商业信用融资的缺点

①资金可供使用的时间较短。一般来说，商业信用筹集的资金只能在信用期内供企业使用，时间较短。若企业欲取得现金折扣，期限会更短。

②融资的机会成本高。若购货企业放弃现金折扣，暂时使用商业信用资本的机会成本高于短期商业银行贷款的成本。

③偿债现金压力大。在信用期期末，企业需要筹措资金归还到期债务。若在一定日期到期债务数额巨大，就会给企业带来现金压力。

六、计算题

1. 解：

三种持有方案解析表 单位：元

方案及现金持有量	机会成本	管理费用	短缺成本	总成本
A	2 000	4 000	6 600	12 600
B	6 000	4 000	2 400	12 400
C	8 000	4 000	0	12 000

分析比较上表各方案总成本可知，C 方案的总成本最低，因此企业持有现金 80 000 元为最佳持有量。

2. 解：

投资日收益率 $i=10.8\%\div360=0.03\%$

最佳现金持有量 $Z^*=2\ 000+\sqrt[3]{\dfrac{3\times5\ 000\times100^2}{4\times0.03\%}}=7\ 000$（元）

现金持有量最高上限 $U=2\ 000+3\times\sqrt[3]{\dfrac{3\times5\ 000\times100^2}{4\times0.03\%}}=17\ 000$（元）

3. 解：

（1）应收账款周转率 = 日历天数（360）÷应收账款周转期 = 360÷90 = 4（次）

（2）应收账款平均余额 = 赊销收入净额÷应收账款周转率 = 100 000÷4 = 25 000（元）

（3）维持赊销业务所需要的资金 = 应收账款平均余额 × 变动成本率 = 25 000×70% = 17 500（元）

（4）应收账款机会成本 = 维持赊销业务所需要的资金 × 资金成本率 = 17 500×10% = 1 750（元）

4. 解：

（1）某材料经济进货批量 = $\sqrt{2\times36\ 000\times20\div16}$ = 300（千克）

（2）某材料存货的总成本 =（2×36 000×20×16）-2 = 4 800（元）

（3）某材料经济进货批量下的平均资金占用额 = 300×200÷2 = 30 000（元）

（4）本年度某材料最佳进货批次 = 36 000÷300 = 120（次）

5. 解：

（1）计算没有价格折扣（即进货批量 1 000 件以下）时，

最佳进货批量 =（2×2 000×400÷10）-2 = 400（千克）

存货成本总额 = 2 000×12+2 000÷400×400+400÷2×10 = 28 000（元）

（2）进货批量 1 000 件以上

存货成本总额 = 2 000×12×（1-10%）+2 000÷1 000×400+1 000÷2×10
= 27 400（元）

经比较选择存货成本低者。即进货批量 1 000 件为成本最低。

6. 解：

订货点 =（50×13+30×10）÷2 = 475（千克）

7. 解：

（1）

收款政策分析表

项目	A 政策	B 政策
平均收账期（天）	60	45
坏账损失率（%）	3	2
应收账款平均余额（万元）	240÷（360÷60）= 40	240÷（360÷45）= 30
收账成本：	×××	×××
应收账款机会成本（万元）	40×80%×25% = 8	30×80%×25% = 6
坏账损失（万元）	240×3% = 7.2	240×2% = 4.8
年催收账款费用（万元）	1.8	3.2
收账成本合计	17	14

（2）因为每年的收入相等，B 政策的收账成本比 A 政策低，所以选择 B 政策。

第9章　章节自测习题答案

一、单项选择题

1. B　2. C　3. D　4. B　5. D　6. A　7. C　8. B　9. C　10. B　11. C　12. A　13. C　14. B　15. D　16. C　17. A　18. A　19. D　20. B　21. D　22. A

二、多项选择题

1. ABCD　2. BD　3. BC　4. ABD　5. ACD　6. BCD　7. AB　8. ABD　9. ABCD　10. BCD　11. BC　12. ABD　13. ACD　14. AB　15. ABCD

三、判断题

1. ×　2. ×　3. √　4. √　5. √　6. ×　7. √　8. ×　9. ×　10. √　11. ×　12. √　13. √　14. ×

四、计算题

1. 解：

（1）所需自有资金数额 = 900×80% = 720（万元）

（2）所需从外部筹集的资金数额 = 900×20% = 180（万元）

（3）可供投资者分配的利润 = 2 000−720 = 1 280（万元）

2. 解：

2×14 年度公司留存利润 = 4 000−500 = 3 500（万元）

权益乘数 = 1÷（1−资产负债率）

根据权益乘数为 1.5 可知，资产负债率为 1/3。

又因为资产负债率 = 负债÷资产 = 负债÷（负债+所有者权益）（参见教材 503 页）

所以，负债：所有者权益 = 1：2，即在目标资本机构中，自有资金占 2/3，因此：2×15 年自有资金需要量 = 6 000×2/3 = 4 000（万元）。

2×15 年外部自有资金筹集数额 = 4 000−3 500 = 500（万元）

3. 解：

（1）2×15 年投资方案所需的自有资金额 = 700×60% = 420（万元）

2×15 年投资方案所需从外部借入的资金额 = 700×40% = 280（万元）

（2）2×14 年度应分配的现金股利 = 净利润 − 2×15 年投资方案所需的自有资金额

= 900−420 = 480（万元）

（3）2×14 年度应分配的现金股利 = 上年分配的现金股利 = 550（万元）

可用于2×15年投资的留存收益＝900－550＝350（万元）

2×15年投资需要额外筹集的资金额＝700－350＝350（万元）

（4）该公司的股利支付率＝550÷1 000×100%＝55%

2×14年度应分配的现金股利＝55%×900＝495（万元）

第10章　章节自测习题答案

一、单项选择题

1. B　2. A　3. D　4. C　5. D　6. D　7. B　8. C　9. D　10. A

二、多项选择题

1. ABC　2. ABC　3. ACD　4. ABD　5. ABD　6. ABD　7. BC　8. AC　9. BCD　10 ACD

三、判断题

1. ×　2×　3. ×　4. ×　5. ×　6. ×　7. ×　8. √　9. √　10. ×

四、简答题

1. 答案详见本章第一节
2. 答案参考本章第一节
3. 答案参见本章第二节

五、论述题

1. 答案参见本章第四节
2. 答案参见本章第二节
3. 答案参见本章第三节

六、计算题

1. 解：

（1）流动负债年末余额＝270÷300%＝90（万元）

（2）存货年末余额＝270－90×150%＝135（万元）

存货年平均余额＝（145+135）÷2＝140（万元）

（3）本年主营业务成本＝140×4＝560（万元）

（4）应收账款年末余额＝270－135＝135（万元）

应收账款平均余额＝（135+125）÷2＝130（万元）

应收账款周转天数＝130×360÷960＝48.75（天）

2. 解：

（1）应收账款周转率：

应收账款平均余额＝（期初应收账款+期末应收账款）÷2

＝（12+10）÷2＝11（万元）

应收账款周转率＝主营业务收入净额÷应收账款平均余额

＝77÷11＝7（次）

（2）总资产周转率：

因为：存货周转率＝主营业务收入净额÷存货平均余额

＝主营业务收入净额÷［（期初存货+期末存货）÷2］

所以：期末存货＝2×主营业务收入净额÷存货周转率－期初存货

＝2×77÷7－8＝14（万元）

因为：期末速动比率＝（期末流动资产－期末存货）÷期末流动负债×100%

期末流动比率＝期末流动资产÷期末流动负债×100%

所以，可得以下两个方程：

150%＝（期末流动资产－14）÷期末流动负债

200%＝期末流动资产÷期末流动负债

解方程可得期末流动资产为56万元。

因此：期末资产总额＝56+50＝106（万元）

最后，计算总资产周转率：

总资产周转率＝主营业务收入净额÷资产平均占用额

＝主营业务收入÷［（期初资产+期末资产）÷2］

＝77÷［（80+106）÷2］＝0.83（次）

（3）总资产净利率：

净利润＝主营业务收入×主营业务净利率＝77×10%＝7.7（万元）

总资产净利率＝净利润÷平均资产总额

＝净利润÷［（期初资产+期末资产）÷2］

＝7.7÷［（80+106）÷2］×100%＝8.28%

3. 解：

（1）2×14年年初的股东权益总额＝400×3＝1 200（万元）

2×14年年初的资产总额＝1 200+400＝1 600（万元）

2×14年年初的资产负债率＝400÷（400+1 200）×100%＝25%

（2）2×14年年末的股东权益总额＝1 200+1 200×50%＝1 800（万元）

2×14年年末的负债总额＝1 800÷（1－40%）×40%＝1 200（万元）

2×14年年末的资产总额＝1 800+1 200＝3 000（万元）

2×14 年年末的产权比率＝1 200÷1 800×100%＝66.67%

（3）总资产净利率＝300÷［（1 600+3 000）÷2］×100%＝13.04%

使用平均数计算的权益乘数＝［（1 600+3 000）÷2］÷［（1 200+1 800）÷2］＝1.53

平均每股净资产＝［（1 200+1 800）÷2］÷普通股总数

＝1 500÷600＝2.5（元/股）

每股收益＝净利润÷普通股股数＝300÷600＝0.5（元/股）

2×14 年末的市盈率＝普通股每股市价÷普通股每股收益＝5÷0.5＝10

（4）2×15 年的每股收益＝净利润÷普通股总数＝400÷600＝0.67（元/股）

因为 2×15 年末企业保持 2×14 年年末的资本结构和 2×14 年的资本积累率，所以：

2×15 年年末的股东权益＝1 800×（1+50%）＝2 700（万元）

因为：资产负债率＝40%

所以：2×15 年年末的资产总额＝2 700÷（1−40%）＝4 500（万元）

2×15 年的总资产平均额＝（3 000+4 500）÷2＝3 750（万元）

2×15 年的总资产净利率＝净利润/平均总资产＝400÷3 750×100%＝10.67%

2×15 年使用平均数计算的权益乘数＝［（3 000+4 500）÷2］÷［（1 800+2 700）÷2］

＝1.67

2×15 年的平均每股净资产＝［（1 800+2 700）÷2］÷600＝3.75（元/股）

每股收益变动额＝0.67−0.5＝0.17（元/股）

2×14 年的每股收益＝13.04%×1.53×2.5＝0.5（元/股）

替代总资产净利率：10.67%×1.53×2.5＝0.41

替代权益乘数：10.67%×1.67×2.5＝0.45

替代平均每股净资产：10.67%×1.67×3.75＝0.67

所以：总资产净利率变动的影响额＝0.41−0.5＝−0.09

权益乘数变动的影响额＝0.45−0.41＝0.04

平均每股净资产变动的影响额＝0.67−0.45＝0.22

七、案例分析题

1. 答：

（1）年初流动资产总额＝6 000×80%+7 200＝12 000（万元）

年末流动资产总额＝8 000×150%＝12 000（万元）

流动资产平均余额＝（12 000+12 000）÷2＝12 000（万元）

（2）主营业务收入净额＝4×12 000＝48 000（万元）

总资产周转率＝48 000÷［（15 000+17 000）÷2］＝3（次）

（3）主营业务净利率＝2 880÷48 000×100%＝6%

净资产收益率＝6%×3×1.5＝27%

（4）2×16 年公司投资所需的自有资金为：

2 100×1÷1.5＝1 400（万元）

向投资者分配股利的数额＝2 880－1 400＝1 480（万元）

2. 答：

（1）变动资产销售百分比＝（400+1 000+1 800）÷8 000＝40%

变动负债销售百分比＝（400+800）÷8 000＝15%

2×16 年需要增加的流动资产额＝（400+1 000+1 800）×20%＝640（万元）

2×16 年需要增加的流动负债额＝（400+800）×20%＝240（万元）

2×16 年需要增加的营运资金额＝640－240＝400（万元）

（2）2×16 年需要增加对外筹集的资金额＝400+200+100－8 000×（1+20%）×10%×（1－40%）

＝124（万元）

（3）2×16 年年末的流动资产＝（400+1 000+1 800）×（1+20%）＝3 840（万元）

2×16 年年末的流动负债＝（400+800）×（1+20%）＝1 440（万元）

2×16 年年末的资产总额＝5 700+200+100+（400+1 000+1 800）×20%＝6 640（万元）

（上式中“200+100”是指长期资产的增加额；“（400+1 000+1 800）×20%”是指流动资产的增加额）因为题目中说明企业需要增加对外筹集的资金由投资者增加投入解决，所以长期负债不变，即 2×16 年年末的负债总额＝2 700+1 440＝4 140（万元）。

2006 年年末的所有者权益总额＝资产总额－负债总额

＝6 640－4 140＝2 500（万元）

（4）2×16 年的速动比率＝速动资产÷流动负债×100%

＝（400+1 000）×（1+20%）÷［（400+800）×（1+20%）］×100%

≈116.67%

2×16 年的产权比率＝负债总额÷所有者权益总额×100%

＝4 140/2 500×100%＝165.6%

（5）2×16 年年初的流动资产＝400+1 000+1 800＝3 200（万元）

2×16 年的流动资产周转次数＝8 000×（1+20%）÷［（3 200+3 840）÷2］

≈2.73（次）

2×16 年的总资产周转次数 = 8 000×（1+20%）÷［（5 700+6 640）÷2］

≈1.56（次）

（6）2×16 年的净资产收益率 = 8 000×（1+20%）×10%÷［（1 200+600+2 500）÷2］×100%

≈44.65%

（7）2×16 年的资本积累率 =（2 500−1 800）÷1 800×100% ≈38.89%

2×16 年的总资产增长率 =（6 640−5 700）÷5 700×100% ≈16.49%

附录3　系数表

表 1　　　　**复利终值系数表（FVIF 表）　*　>99999**

n\i	1%	2%	3%	4%	5%	6%	7%	8%	9%	10%	11%	12%
1	1.0100	1.0200	1.0300	1.0400	1.0500	1.0600	1.0700	1.0800	1.0900	1.1000	1.1100	1.1200
2	1.0201	1.0404	1.0609	1.0816	1.1025	1.1236	1.1449	1.1664	1.1881	1.2100	1.2321	1.2544
3	1.0303	1.0612	1.0927	1.1249	1.1576	1.1910	1.2250	1.2597	1.2950	1.3310	1.3676	1.4049
4	1.0406	1.0824	1.1255	1.1699	1.2155	1.2625	1.3108	1.3605	1.4116	1.4641	1.5181	1.5735
5	1.0510	1.1041	1.1593	1.2167	1.2763	1.3382	1.4026	1.4693	1.5386	1.6105	1.6851	1.7623
6	1.0615	1.1262	1.1941	1.2653	1.3401	1.4185	1.5007	1.5868	1.6771	1.7716	1.8704	1.9738
7	1.0721	1.1487	1.2299	1.3159	1.4071	1.5036	1.6058	1.7138	1.8280	1.9487	2.0762	2.2107
8	1.0829	1.1717	1.2668	1.3686	1.4775	1.5938	1.7182	1.8509	1.9926	2.1436	2.3045	2.4760
9	1.0937	1.1951	1.3048	1.4233	1.5513	1.6895	1.8385	1.9990	2.1719	2.3579	2.5580	2.7731
10	1.1046	1.2190	1.3439	1.4802	1.6289	1.7908	1.9672	2.1589	2.3674	2.5937	2.8394	3.1058
11	1.1157	1.2434	1.3842	15395	1.7103	1.8983	2.1049	2.3316	2.5804	2.8531	3.1518	3.4785
12	1.1268	1.2682	1.4258	1.6010	1.7959	2.0122	2.2522	2.5182	2.8127	3.1384	3.4985	3.8960
13	1.1381	1.2936	1.4685	1.6651	1.8856	2.1329	2.4098	2.7196	3.0658	3.4523	3.8833	4.3635
14	1.1495	1.3195	1.5126	1.7317	1.9799	2.2609	2.5785	2.9372	3.3417	3.7975	4.3104	4.8871
15	1.1610	1.3459	1.5580	1.8009	2.0789	2.3966	2.7590	3.1722	3.6425	4.1772	4.7846	5.4736
16	1.1726	1.3728	1.6047	1.8730	2.1829	2.5404	2.9522	3.4259	3.9703	4.5950	5.3109	6.1304
17	1.1843	1.4002	1.6528	1.9479	2.2920	2.6928	3.1588	3.7000	4.3276	5.0545	5.8951	6.8660
18	1.1961	1.4282	1.7024	2.0258	2.4066	2.8543	3.3799	3.9960	4.7171	5.5599	6.5436	7.6900
19	1.2081	1.4568	1.7535	2.1068	2.5270	3.0256	3.6165	4.3157	5.1417	6.1159	7.2633	8.6128
20	1.2202	1.4859	1.8061	2.1911	2.6533	3.2071	3.8697	4.6610	5.6044	6.7275	8.0623	9.6463
21	1.2324	1.5157	1.8603	2.2788	2.7860	3.3996	4.1406	5.0338	6.1088	7.4002	8.9492	10.804
22	1.2447	1.5460	1.9161	2.3699	2.9253	3.6035	4.4304	5.4365	6.6586	8.1403	9.9336	12.100
23	1.2572	1.5769	1.9736	2.4647	3.0715	3.8197	4.7405	5.8715	7.2579	8.2543	11.026	13.552
24	1.2697	1.6084	2.0328	2.5633	3.2251	4.0489	5.0724	6.3412	7.9111	9.8497	12.239	15.179
25	1.2824	1.6406	2.0938	2.6658	3.3864	4.2919	5.4274	6.8485	8.6231	10.835	13.585	17.000
26	1.2953	1.6734	2.1566	2.7725	3.5557	4.5494	5.8074	7.3964	9.3992	11.918	15.080	19.040
27	1.3082	1.7069	2.2213	2.8834	3.7335	4.8823	6.2139	7.9881	10.245	13.110	16.739	21.325
28	1.3213	1.7410	2.2879	2.9987	3.9201	5.1117	6.6489	8.6271	11.167	14.421	18.580	23.884
29	1.3345	1.7758	2.3566	3.1187	4.1161	5.4184	7.1143	9.3173	12.172	15.863	20.624	26.750
30	1.3478	1.8114	2.4273	3.2434	4.3219	5.7435	7.6123	10.063	13.268	17.449	22.892	29.960
40	1.4889	2.2080	3.2620	4.8010	7.0400	10.286	14.974	21.725	31.409	45.259	65.001	93.051
50	1.6446	2.6916	4.3839	7.1067	11.467	18.420	29.457	46.902	74.358	117.39	184.56	289.00
60	1.8167	3.2810	5.8916	10.520	18.679	32.988	57.946	101.26	176.03	304.48	524.06	897.60

续表

n\i	13%	14%	15%	16%	17%	18%	19%	20%	24%	25%	28%	30%	32%	36%
1	1.1300	1.1400	1.1500	1.1600	1.1700	1.1800	1.1900	1.2000	1.2400	1.2500	1.2800	1.3000	1.3200	1.3600
2	1.2769	1.2996	1.3225	1.3456	1.3689	1.3924	1.4161	1.4400	1.5376	1.5625	1.6384	1.6900	1.7424	1.8496
3	1.4429	1.4815	1.5209	1.5609	1.6016	1.6430	1.6852	1.7280	1.9066	1.9531	2.0972	2.1970	2.3000	2.5155
4	1.6305	1.6890	1.7490	1.8106	1.8739	1.9388	2.0053	2.0736	2.3642	2.4414	2.6844	2.8561	3.0360	3.4210
5	1.8424	1.9254	2.0114	2.1003	2.1924	2.2878	2.3864	2.4883	2.9316	3.0518	3.4360	3.7129	4.0075	4.6526
6	2.0820	2.1950	2.3131	2.4364	2.5652	2.6996	2.8398	2.9860	3.6352	3.8147	4.3980	4.8268	5.2899	6.3275
7	2.3526	2.5023	2.6600	2.8262	3.0012	3.1855	3.3793	3.5832	4.5077	4.7684	5.6295	6.2749	6.9826	8.6054
8	2.6584	2.8526	3.0590	3.2784	3.5115	3.7589	4.0214	4.2998	5.5895	5.9605	7.2058	8.1573	9.2170	11.703
9	3.0040	3.2519	3.5179	3.8030	4.1084	4.4355	4.7854	5.1598	6.9310	7.4506	9.2234	10.604	12.166	15.917
10	3.3946	3.7072	4.0456	4.4114	4.8068	5.2338	5.6947	6.1917	8.5944	9.3132	11.806	13.786	16.060	21.647
11	3.8359	4.2262	4.6524	5.1173	5.6240	6.1759	6.7767	7.4301	10.657	11.642	15.112	17.922	21.199	29.439
12	4.3345	4.8179	5.3503	5.9360	6.5801	7.2876	8.0642	8.9161	13.215	14.552	19.343	23.298	27.983	40.037
13	4.8980	5.4924	6.1528	6.8858	7.6987	8.5994	9.5964	10.699	16.386	18.190	24.759	30.288	36.937	54.451
14	5.5348	6.2613	7.0757	7.9875	9.0075	10.147	11.420	12.839	20.319	22.737	31.691	39.374	48.757	74.053
15	6.2543	7.1379	8.1371	9.2655	10.539	11.974	13.590	15.407	25.196	28.422	40.565	51.186	64.359	100.71
16	7.0673	8.1372	9.3576	10.748	12.330	14.129	16.172	18.488	31.243	35.527	51.923	66.542	84.954	136.97
17	7.9861	9.2765	10.761	12.468	14.426	16.672	19.244	22.186	38.741	44.409	66.461	86.504	112.14	186.28
18	9.0243	10.575	12.375	14.463	16.879	19.673	22.901	26.623	48.039	55.511	86.071	112.46	148.02	253.34
19	10.197	12.056	14.232	16.777	19.748	23.214	27.252	31.948	59.568	69.389	108.89	146.19	195.39	344.54
20	11.523	13.743	16.367	19.461	23.106	27.393	32.429	38.338	73.864	86.736	139.38	190.05	257.92	468.57
21	13.021	15.668	18.822	22.574	27.034	32.324	38.591	46.005	91.592	108.42	178.41	247.06	340.45	637.26
22	14.714	17.861	21.645	26.186	31.629	38.142	45.953	55.206	113.57	135.53	228.36	321.18	449.39	866.67
23	16.627	20.362	24.891	30.376	37.006	45.008	54.649	66.247	140.83	169.41	292.30	417.54	593.20	1 178.7
24	18.788	23.212	28.625	35.236	43.297	53.109	65.032	79.497	174.63	211.76	374.14	542.80	783.02	1 603.0
25	21.231	26.462	32.919	40.874	50.658	62.669	77.388	95.396	216.54	264.70	478.90	705.64	1 033.6	2 180.1
26	23.991	30.167	37.857	47.414	59.270	73.949	92.092	114.48	268.51	330.87	613.00	917.33	1 364.3	2 964.9
27	27.109	34.390	43.535	55.000	69.345	87.260	109.59	137.37	332.95	413.59	784.64	1 192.5	1 800.9	4 032.3
28	30.633	39.204	50.066	63.800	81.134	102.97	130.41	164.84	412.86	516.99	1 004.3	1 550.3	2 377.2	5 483.9
29	34.616	44.693	57.575	74.009	94.927	121.50	155.19	197.81	511.95	646.23	1 285.6	2 015.4	3 137.9	7 458.1
30	39.116	50.950	66.212	85.850	111.07	143.37	184.68	237.38	634.82	807.79	1 645.5	2 620.0	4 142.1	10 143
40	132.78	188.88	267.86	378.72	533.87	750.38	1 051.7	1 469.8	5 455.9	7 523.2	19 427	36 119	66 521	*
50	450.74	700.23	1 083.7	1 670.7	2 566.2	3 927.4	5 988.9	9 100.4	46 890	70 065	*	*	*	*
60	1 530.1	2 595.9	4 384.0	7 370.2	12 335	20 555	34 105	56 348	*	*	*		*	*

表 2　　　　**复利现值系数表（PVIF 表）** ＊ <0.0001

n\i	1%	2%	3%	4%	5%	6%	7%	8%	9%	10%	11%	12%	13%	14%
1	0.9901	0.9804	0.9709	0.9615	0.9524	0.9434	0.9346	0.9259	0.9174	0.9091	0.9009	0.8929	0.8850	0.8772
2	0.9803	0.9612	0.9426	0.9246	0.9070	0.8900	0.8734	0.8573	0.8417	0.8264	0.8116	0.7972	0.7831	0.7695
3	0.9706	0.9423	0.9151	0.8890	0.8638	0.8396	0.8163	0.7938	0.7722	0.7513	0.7312	0.7118	0.6931	0.6750
4	0.9610	0.9238	0.8885	0.8548	0.8227	0.7921	0.7629	0.7350	0.7084	0.6830	0.6587	0.6355	0.6133	0.5921
5	0.9515	0.9057	0.8626	0.8219	0.7835	0.7473	0.7130	0.6806	0.6499	0.6209	0.5935	0.5674	0.5428	0.5194
6	0.9420	0.8880	0.8375	0.7903	0.7462	0.7050	0.6663	0.6302	0.5963	0.5645	0.5346	0.5066	0.4803	0.4556
7	0.9327	0.8706	0.8131	0.7599	0.7107	0.6651	0.6227	0.5835	0.5470	0.5132	0.4817	0.4523	0.4251	0.3996
8	0.9235	0.8535	0.7894	0.7307	0.6768	0.6274	0.5820	0.5403	0.5019	0.4665	0.4339	0.4039	0.3762	0.3506
9	0.9143	0.8368	0.7664	0.7026	0.6446	0.5919	0.5439	0.5002	0.4604	0.4241	0.3909	0.3606	0.3329	0.3075
10	0.9053	0.8203	0.7441	0.6756	0.6139	0.5584	0.5083	0.4632	04224	0.3855	0.3522	0.3220	0.2946	0.2697
11	0.8963	0.8043	0.7224	0.6496	0.5847	0.5268	0.4751	0.4289	0.3875	0.3505	0.3173	0.2875	0.2607	0.2366
12	0.8874	0.7885	0.7014	0.6246	0.5568	0.4970	0.4440	0.3971	0.3555	0.3186	0.2858	0.2567	0.2307	0.2076
13	0.8787	0.7730	0.6810	0.6006	0.5303	0.4688	0.4150	0.3677	0.3262	0.2897	0.2575	0.2292	0.2042	0.1821
14	0.8700	0.7579	0.6611	0.5775	0.5051	0.4423	0.3878	0.3405	0.2992	0.2633	0.2320	0.2046	0.1807	0.1597
15	0.8613	0.7430	0.6419	0.5553	0.4810	0.4173	0.3624	0.3152	0.2745	0.2394	0.2090	0.1827	0.1599	0.1401
16	0.8528	0.7284	0.6232	0.5339	0.4581	0.3936	0.3387	0.2919	0.2519	0.2176	0.1883	0.1631	0.1415	0.1229
17	0.8444	0.7142	0.6050	0.5134	0.4363	0.3714	0.3166	0.2703	0.2311	0.1978	0.1696	0.1456	0.1252	0.1078
18	0.8360	0.7002	0.5874	0.4936	0.4155	0.3503	0.2959	0.2502	0.2120	0.1799	0.1528	0.1300	0.1108	0.0946
19	0.8277	0.6864	0.5703	0.4746	0.3957	0.3305	0.2765	0.2317	0.1945	0.1635	0.1377	0.1161	0.0981	0.0829
20	0.8195	0.6730	0.5537	0.4564	0.3769	0.3118	0.2584	0.2145	0.1784	0.1486	0.1240	0.1037	0.0868	0.0728
21	0.8114	0.6598	0.5375	0.4388	0.3589	0.2942	0.2415	0.1987	0.1637	0.1351	0.1117	0.0926	0.0768	0.0638
22	0.8034	0.6468	0.5219	0.4220	0.3418	0.2775	0.2257	0.1839	0.1502	0.1228	0.1007	0.0826	0.0680	0.0560
23	0.7954	0.6342	0.5067	0.4057	0.3256	0.2618	0.2109	0.1703	0.1378	0.1117	0.0907	0.0738	0.0601	0.0491
24	0.7876	0.6217	0.4919	0.3901	0.3101	0.2470	0.1971	0.1577	0.1264	0.1015	0.0817	0.0659	0.0532	0.0431
25	0.7798	0.695	0.4776	0.3751	0.2953	0.2330	0.1842	0.1460	0.1160	0.0923	0.0736	0.0588	0.0471	0.0378
26	0.7720	0.5976	0.4637	0.3604	0.2812	0.2198	0.1722	0.1352	0.1064	0.0839	0.0663	0.0525	0.0417	0.0331
27	0.7644	0.5859	0.4502	0.3468	0.2678	0.2074	0.1609	0.1252	0.0976	0.0763	0.0597	0.0469	0.0369	0.0291
28	0.7568	0.5744	0.4371	0.3335	0.2551	0.1956	0.1504	0.1159	0.0895	0.0693	0.0538	0.0419	0.0326	0.0255
29	0.7493	0.5631	0.4243	0.3207	0.2429	0.1846	0.1406	0.1073	0.0822	0.0630	0.0485	0.0374	0.0289	0.0224
30	0.7419	0.5521	0.4120	0.3083	0.2314	0.1741	0.1314	0.0994	0.0754	0.0573	0.0437	0.0334	0.0256	0.0196
35	0.7059	0.5000	0.3554	0.2534	0.1813	0.1301	0.0937	0.0676	0.0490	0.0356	0.0259	0.0189	0.0139	0.0102
40	0.6717	0.4529	0.3066	0.2083	0.1420	0.0972	0.0668	0.0460	0.0318	0.0221	0.0154	0.0107	0.0075	0.0053
45	0.6391	0.4102	0.2644	0.1712	0.1113	0.0727	0.0476	0.0313	0.0207	0.0137	0.0091	0.0061	0.0041	0.0027
50	0.6080	0.3715	0.2281	0.1407	0.0872	0.0543	0.0339	0.0213	0.0134	0.0085	0.0054	0.0035	0.0022	0.0014
55	0.5785	0.3365	0.1968	0.1157	0.0683	0.0406	0.0242	0.0145	0.0087	0.0053	0.0032	0.0020	0.0012	0.0007

续表

n \ i	15%	16%	17%	18%	19%	20%	24%	25%	28%	30%	32%	35%	36%	40%	50%
1	0.8696	0.8621	0.8547	0.8475	0.8403	0.8333	0.8065	0.8000	0.7813	0.7692	0.7576	0.7407	0.7353	0.7143	0.6667
2	0.7561	0.7432	0.7305	0.7182	0.7062	0.6944	0.6504	0.6400	0.6104	0.5917	0.5739	0.5487	0.5407	0.5102	0.4444
3	0.6575	0.6407	0.6244	0.6086	0.5934	0.5787	0.5245	0.5120	0.4768	0.4552	.04348	0.4064	0.3975	0.3644	0.2963
4	0.5718	0.5523	0.5337	0.5158	0.4987	0.4823	0.4230	0.4096	0.3725	0.3501	0.3294	0.3011	0.2923	0.2603	0.1975
5	0.4972	0.4762	0.4561	0.4371	0.4190	0.4019	0.3411	0.3277	0.2910	0.2693	0.2495	0.2230	0.2149	0.1859	0.1317
6	0.4323	0.4104	0.3898	0.3704	0.3521	0.3349	0.2751	0.2621	0.2274	0.2072	0.1890	0.1652	0.1580	0.1328	0.0878
7	0.3759	0.3538	0.3332	0.3139	0.2959	0.2791	0.2218	0.2097	0.1776	0.1594	0.1432	0.1224	0.1162	0.0949	0.0585
8	0.3269	0.3050	0.2848	0.2660	0.2487	0.2326	0.1789	0.1677	0.1388	0.1226	0.1085	0.0906	0.0854	0.0678	0.0390
9	0.2843	0.2630	0.2434	0.2255	0.2090	0.1938	0.1443	0.1342	0.1084	0.0943	0.0822	0.0671	0.0628	0.0484	0.0260
10	0.2472	0.2267	0.2080	0.1911	0.1756	0.1615	0.1164	0.1074	0.0847	0.0725	0.0623	0.0497	0.0462	0.0346	0.0173
11	0.2149	0.1954	0.1778	0.1619	0.1476	0.1346	0.0938	0.0859	0.0662	0.0558	0.0472	0.0368	0.0340	0.0247	0.0116
12	0.1869	0.1685	0.1520	0.1373	0.1240	0.1122	0.0757	0.0687	0.0517	0.0429	0.0357	0.0273	0.0250	0.0176	0.0077
13	0.1625	0.1452	0.1299	0.1163	0.1042	0.0935	0.0610	0.0550	0.0404	0.0330	0.0271	0.0202	0.0184	0.0126	0.0051
14	0.1413	0.1252	0.1110	0.0985	0.0876	0.0779	0.0492	0.0440	0.0316	0.0254	0.0205	0.0150	0.0135	0.0090	0.0034
15	0.1229	0.1079	0.0949	0.0835	0.0736	0.0649	0.0397	0.0352	0.0247	0.0195	0.0155	0.0111	0.0099	0.0064	0.0023
16	0.1069	0.0930	0.0811	0.0709	0.0618	0.0541	0.0320	0.0281	0.0193	0.0150	0.0118	0.0082	0.0073	0.0046	0.0015
17	0.0929	0.0802	0.0693	0.0600	0.0520	0.0451	0.0259	0.0225	0.0150	0.0116	0.0089	0.0061	0.0054	0.0033	0.0010
18	0.0808	0.0691	0.0592	0.0508	0.0437	0.0376	0.0208	0.0180	0.0118	0.0089	0.0068	0.0045	0.0039	0.0023	0.0007
19	0.0703	0.0596	0.0506	0.0431	0.0367	0.0313	0.0168	0.0144	0.0092	0.0068	0.0051	0.0033	0.0029	0.0017	0.0005
20	0.0611	0.0514	0.0433	0.0365	0.0308	0.0261	0.0135	0.0115	0.0072	0.0053	0.0039	0.0025	0.0021	0.0012	0.0003
21	0.0531	0.0443	0.0370	0.0309	0.0259	0.0217	0.0109	0.0092	0.0056	0.0040	0.0029	0.0018	0.0016	0.0009	0.0002
22	0.0462	0.0382	0.0316	0.0262	0.0218	0.0181	0.0088	0.0074	0.0044	0.0031	0.0022	0.0014	0.0012	0.0006	0.0001
23	0.0402	0.0329	0.0270	0.0222	0.0183	0.0151	0.0071	0.0059	0.0034	0.0024	0.0017	0.0010	0.0008	0.0004	0.0001
24	0.0349	0.0284	0.0231	0.0188	0.0154	0.0126	0.0057	0.0047	0.0027	0.0018	0.0013	0.0007	0.0006	0.0003	0.0001
25	0.0304	0.0245	0.0197	0.0160	0.0129	0.0105	0.0046	0.0038	0.0021	0.0014	0.0010	0.0006	0.0005	0.0002	*
26	0.0264	0.0211	0.0169	0.0135	0.0109	0.0087	0.0037	0.0030	0.0016	0.0011	0.0007	0.0004	0.0003	0.0002	*
27	0.0230	0.0182	0.0144	0.0115	0.0091	0.0073	0.0030	0.0024	0.0013	0.0008	0.0006	0.0003	0.0002	0.0001	*
28	0.0200	0.0157	0.0123	0.0097	0.0077	0.0061	0.0024	0.0019	0.0010	0.0006	0.0004	0.0002	0.0002	0.0001	*
29	0.0174	0.0135	0.0105	0.0082	0.0064	0.0051	0.0020	0.0015	0.0008	0.0005	0.0003	0.0002	0.0001	0.0001	*
30	0.0151	0.0116	0.0090	0.0070	0.0054	0.0042	0.0016	0.0012	0.0006	0.0004	0.0002	0.0001	0.0001	*	*
35	0.0075	0.0055	0.0041	0.0030	0.0023	0.0017	0.0005	0.0004	0.0002	0.0001	0.0001	*	*	*	*
40	0.0037	0.0026	0.0019	0.0013	0.0010	0.0007	0.0002	0.0001	0.0001	*	*	*	*	*	*
45	0.0019	0.0013	0.0009	0.0006	0.0004	0.0003	0.0001	*	*	*	*	*	*	*	*
50	0.0009	0.0006	0.0004	0.0003	0.0002	0.0001	*	*	*	*	*	*	*	*	*
55	0.0005	0.0003	0.0002	0.0001	0.0001	*	*	*	*	*	*	*	*	*	*

表 3　　　　　　　年金终值系数表（FVIFA 表）＊ >99999

n \ i	1%	2%	3%	4%	5%	6%	7%	8%	9%	10%	11%	12%	13%
1	1.0000	1.0000	1.0000	1.0000	1.0000	1.0000	1.0000	1.0000	1.0000	1.0000	1.000	1.0000	1.000
2	2.0100	2.0200	2.0300	2.0400	2.0500	2.0600	2.0700	2.0800	2.0900	2.1000	2.110	2.1200	2.130
3	3.0301	3.0604	3.0909	3.1216	3.1525	3.1836	3.2149	3.2464	3.2781	3.3100	3.342	2.3744	3.407
4	4.0604	4.1216	4.1836	4.2465	4.3101	4.3746	4.4399	4.5061	4.5731	4.6410	4.710	4.7793	4.850
5	5.1010	5.2040	5.3091	5.4163	5.5256	5.6371	5.7507	5.8666	5.9847	6.1051	6.228	6.3528	6.480
6	6.1520	6.3081	6.4684	6.6330	6.8019	6.9753	7.1533	7.3359	7.523	7.7156	7.913	8.1152	8.323
7	7.2135	7.4343	7.6625	7.8983	8.1420	8.3938	8.6540	8.9228	9.200	9.4872	9.783	10.089	10.405
8	8.2857	8.5830	8.8923	9.2142	9.5491	9.8975	10.260	10.637	11.028	11.436	11.859	12.300	12.757
9	9.3685	9.7546	10.159	10.583	11.027	11.491	11.978	12.488	13.021	13.579	14.164	14.776	15.416
10	10.462	10.950	11.464	12.006	12.578	13.181	13.816	14.487	15.193	15.937	16.722	17.549	18.420
11	11.567	12.169	12.808	13.486	14.207	14.972	15.784	16.645	17.560	18.531	19.561	20.655	21.814
12	12.683	13.412	14.192	15.026	15.917	16.870	17.888	18.977	20.141	21.384	22.713	24.133	25.650
13	13.809	14.680	15.618	16.627	17.713	18.882	20.141	21.495	22.953	24.523	26.212	28.029	29.985
14	14.947	15.974	17.086	18.292	19.599	21.015	22.550	24.215	26.019	27.975	30.095	32.393	34.883
15	16.097	17.293	18.599	20.024	21.579	23.276	25.129	27.152	29.361	31.772	34.405	37.280	40.417
16	17.258	18.639	20.157	21.825	23.657	25.673	27.888	30.324	33.003	35.950	39.190	42.753	46.672
17	18.430	20.012	21.762	23.698	25.840	28.213	30.840	33.750	36.974	40.545	44.501	48.884	53.739
18	19.615	21.412	23.414	25.645	28.132	30.906	33.999	37.450	41.301	45.599	50.396	55.750	61.725
19	20.811	22.841	25.117	27.671	30.539	33.760	37.379	41.446	46.018	51.159	56.939	63.440	70.749
20	22.019	24.297	26.870	29.778	33.066	36.786	40.995	45.762	51.160	57.275	64.203	72.052	80.947
21	23.239	25.783	28.676	31.969	35.719	39.993	44.865	50.423	56.765	64.002	72.265	81.699	92.470
22	24.472	27.299	30.537	34.248	38.505	43.392	49.006	55.457	62.873	71.403	81.214	92.503	105.49
23	25.716	28.845	32.453	36.618	41.430	46.996	53.436	60.883	69.532	79.543	91.148	104.60	120.20
24	26.973	30.422	34.426	39.083	44.502	50.816	58.177	66.765	76.790	88.497	102.17	118.16	136.83
25	28.243	32.030	36.459	41.646	47.727	54.865	63.249	73.106	84.701	98.347	114.41	133.33	155.62
26	29.526	33.671	38.553	44.312	51.113	59.156	68.676	79.954	93.324	109.18	128.00	150.33	176.85
27	30.821	35.344	40.710	47.084	54.669	63.706	74.484	87.351	102.72	121.10	143.08	169.37	200.84
28	32.129	37.051	42.931	49.968	58.403	68.528	80.698	95.339	112.97	134.21	159.82	190.70	227.95
29	33.450	38.792	45.219	52.966	62.323	73.640	87.347	103.97	124.14	148.63	178.40	214.58	258.58
30	34.785	40.588	47.575	56.085	66.439	79.058	94.461	113.28	136.31	164.49	199.02	241.33	293.20
40	48.886	60.402	75.401	95.026	120.80	154.76	199.64	259.06	337.89	442.59	581.83	767.09	1 013.7
50	64.463	84.579	112.80	152.67	209.35	290.34	406.53	573.77	815.08	1 163..9	1 668.8	2 400.0	3 459.5
60	81.670	114.05	163.05	237.99	353.58	533.13	813.52	1 253.2	1 944.8	3 034.8	4 755.1	7 471.6	11 762

续表

n\i	14%	15%	16%	17%	18%	19%	20%	24%	25%	28%	30%	32%	36%
1	1.0000	1.0000	1.0000	1.000	1.0000	1.000	1.0000	1.0000	1.000	1.0000	1.000	1.0000	1.0000
2	2.1400	2.1500	2.1600	2.170	2.1800	2.190	2.2000	2.2400	2.250	2.2800	2.300	2.3200	2.3600
3	3.4396	3.4725	3.5056	3.539	3.5724	3.606	3.6400	3.7776	3.813	3.9184	3.990	3.0624	3.2096
4	4.9211	4.9934	5.0665	5.141	5.2154	5.291	5.3680	5.6842	5.766	6.0156	6.187	6.3624	6.7251
5	6.6101	6.7424	6.8771	7.014	7.1542	7.297	7.4416	8.0484	8.027	8.6999	9.043	9.3983	10.146
6	8.5355	8.7537	8.9775	9.207	9.4420	9.683	9.9299	10.980	11.259	12.136	12.756	13.406	14.799
7	10.730	11.067	11.414	11.772	12.142	12.523	12.916	14.615	15.073	16.534	17.583	18.696	21.126
8	13.233	13.727	14.240	14.773	15.327	15.902	16.499	19.123	19.842	22.163	23.858	25.678	29.732
9	16.085	16.786	17.519	18.285	19.086	19.923	20.799	24.712	25.802	29.369	32.015	34.895	41.435
10	19.337	20.304	21.321	22.393	23.521	24.701	25.959	31.643	33.253	38.593	42.619	47.062	57.352
11	23.045	24.349	25.733	27.200	28.755	30.404	32.150	40.238	42.566	50.398	56.405	63.122	78.998
12	27.271	29.002	30.850	32.824	34.931	37.180	39.581	50.895	54.208	65.510	74.327	84.320	108.44
13	32.089	34.352	36.786	39.404	42.219	45.244	48.497	64.110	68.760	84.853	97.625	112.30	148.47
14	37.581	40.505	43.672	47.103	50.818	54.841	59.196	80.496	86.949	109.61	127.91	149.24	202.93
15	43.842	47.580	51.660	56.110	60.965	66.261	72.035	100.82	109.69	141.30	167.29	198.00	276.98
16	50.980	55.717	60.925	66.649	72.939	79.850	87.442	126.01	138.11	181.87	218.47	262.36	377.69
17	59.118	65.075	71.673	78.979	87.068	96.022	105.93	157.25	173.64	233.79	285.01	347.31	514.66
18	68.394	75.836	84.141	93.406	103.74	115.27	128.12	195.99	218.05	300.25	371.52	459.45	770.94
19	78.969	88.212	98.603	110.29	123.41	138.17	154.74	244.03	273.56	385.32	483.97	607.47	954.28
20	91.025	102.44	115.38	130.03	146.63	165.42	186.69	303.60	342.95	494.21	630.17	802.86	1 298.8
21	104.77	118.81	134.84	153.14	174.02	197.85	225.03	377.46	429.68	633.59	820.22	1 060.8	1 767.4
22	120.44	137.63	157.41	180.17	206.34	236.44	271.03	469.06	538.10	812.00	1 067.3	1 401.2	2 404.7
23	138.30	159.28	183.60	211.80	244.49	282.36	326.24	582.63	673.63	1 040.4	1 388.5	1 850.6	3 271.3
24	158.66	184.17	213.98	248.81	289.49	337.01	392.48	723.46	843.03	1 332.7	1 806.0	2 443.8	4 450.0
25	181.87	212.79	249.21	292.10	342.60	402.04	471.98	898.09	1 054.8	1 706.8	2 348.8	3 226.8	6 053.0
26	208.33	245.71	290.09	342.76	405.27	479.43	567.38	1 114.6	1 319.5	2 185.7	3 054.4	4 260.4	8 233.1
27	238.50	283.57	337.50	402.03	479.22	571.52	681.85	1 383.1	1 650.4	2 798.7	3 971.8	5 624.8	11 198.0
28	272.89	327.10	392.50	471.38	566.48	681.11	819.22	1 716.1	2 064.0	3 583.3	5 164.3	7 425.7	15 230.3
29	312.09	377.17	456.30	552.51	669.45	811.52	984.07	2 129.0	2 580.9	4 587.7	6 714.6	9 802.9	20 714.2
30	356.79	434.75	530.31	647.44	790.95	966.7	1 181.9	2 640.9	3 227.2	5 873.2	8 730.0	12 941	28 172.3
40	1 342.0	1 779.1	2 360.8	3 134.5	4 163.2	5 519.8	7 343.9	22 729	30 089	69 377	120 393	*	*
50	4 994.5	7 217.7	10 436	15 090	21 813	31 515	45 497	*	280 256	*	165 976	*	*
60	18 535	29 220	46 058	72 555	*	*	*	*	*	*	*	*	*

表 4　　　　　　　　**年金现值系数表（PVIFA 表）**

n\i	1%	2%	3%	4%	5%	6%	7%	8%	9%	10%	11%	12%	13%	14%
1	0.9901	0.9804	0.9709	0.9615	0.9524	0.9434	0.9346	0.9259	0.9174	0.9091	0.9009	0.8929	0.8850	0.8772
2	1.9704	1.9416	1.9135	1.8861	1.8594	1.8334	1.8080	1.7833	1.7591	1.7355	1.7125	1.6901	1.6681	1.6467
3	2.9410	2.8839	2.8286	2.7751	2.7232	2.6730	2.6243	2.5771	2.5313	2.4869	2.4437	2.4018	2.3612	2.3216
4	3.9020	3.8077	3.7171	3.6299	3.5460	3.4651	3.3872	3.3121	3.2397	3.1699	3.1024	3.0373	2.9745	2.9137
5	4.8534	4.7135	4.5797	4.4518	4.3295	4.2124	4.1002	3.9927	3.8897	3.7908	3.6959	3.6048	3.5172	3.4331
6	5.7955	5.6014	5.4172	5.2421	5.0757	4.9173	4.7665	4.6229	4.4859	4.3553	4.2305	4.1114	3.9975	3.8887
7	6.7282	6.4720	6.2303	6.0021	5.7864	5.5824	5.3893	5.2064	5.0330	4.8684	4.7122	4.5638	4.4226	4.2882
8	7.6517	7.3255	7.0197	6.7327	6.4632	6.2098	5.9713	5.7466	5.5348	5.3349	5.1461	4.9676	4.7988	4.6389
9	8.5660	8.1622	7.7861	7.4353	7.1078	6.8017	6.5152	6.2469	5.9952	5.7590	5.5370	5.3282	5.1317	4.9464
10	9.4713	8.9826	8.5302	8.1109	7.7217	7.3601	7.0236	6.7101	6.4177	6.1446	5.8892	5.6502	5.4262	5.2161
11	10.3676	9.7868	9.2526	8.7605	8.3064	7.8869	7.4987	7.1390	6.8052	6.4951	6.2065	5.9377	5.6869	5.4527
12	11.2551	10.5753	9.9540	9.3851	8.8633	8.3838	7.9427	7.5361	7.1607	6.8137	6.4924	6.1944	5.9176	5.6603
13	12.1337	11.3484	10.6350	9.9856	9.3936	8.8527	8.3577	7.9038	7.4869	7.1034	6.7499	6.4235	6.1218	5.8424
14	13.0037	12.1062	11.2961	10.5631	9.8986	9.2950	8.7455	8.2442	7.7862	7.3667	6.9819	6.6282	6.3025	6.0021
15	13.8651	12.8493	11.9379	11.1184	10.3797	9.7122	9.1079	8.5595	8.0607	7.6061	7.1909	6.8109	6.4624	6.1422
16	14.7179	13.5777	12.5611	11.6523	10.8378	10.1059	9.4466	8.8514	8.3126	7.8237	7.3792	6.9740	6.6039	6.2651
17	15.5623	14.2919	13.1661	12.1657	11.2741	10.4773	9.7632	9.1216	8.5436	8.0216	7.5488	7.1196	6.7291	6.3729
18	16.3983	14.9920	13.7535	12.6592	11.6896	10.8276	10.0591	9.3719	8.7556	8.2014	7.7016	7.2497	6.8399	6.4674
19	17.2260	15.6785	14.3238	13.1339	12.0853	11.1581	10.3356	9.6036	8.9501	8.3649	7.8393	7.3658	6.9380	6.5504
20	18.0456	16.3514	14.8775	13.5903	12.4622	11.4699	10.5940	9.8181	9.1285	8.5136	7.9633	7.4694	7.0248	6.6231
21	18.8570	17.0112	15.4150	14.0292	12.8212	11.7641	10.8355	10.0168	9.2922	8.6487	8.0751	7.5620	7.1016	6.6870
22	19.6604	17.6580	15.9369	14.4511	13.1630	12.0416	11.0612	10.2007	9.4424	8.7715	8.1757	7.6446	7.1695	6.7429
23	20.4558	18.2922	16.4436	14.8568	13.4886	12.3034	11.2722	10.3711	9.5802	8.8832	8.2664	7.7184	7.2297	6.7921
24	21.2434	18.9139	16.9355	15.2470	13.7986	12.5504	11.4693	10.5288	9.7066	8.9847	8.3481	7.7843	7.2829	6.8351
25	22.0232	19.5235	17.4131	15.6221	14.0939	12.7834	11.6536	10.6748	9.8226	9.0770	8.4217	7.8431	7.3300	6.8729
26	22.7952	20.1210	17.8768	15.9828	14.3752	13.0032	11.8258	10.8100	9.9290	9.1609	8.4881	7.8957	7.3717	6.9061
27	23.5596	20.7095	18.3270	16.3296	14.6430	13.2105	11.9867	10.9352	10.0266	9.2372	8.5478	7.9426	7.4086	6.9352
28	24.3164	21.2813	18.7641	16.6631	14.8981	13.4062	12.1371	11.0511	10.1161	9.3066	8.6016	7.9844	7.4412	6.9607
29	25.0658	21.8444	19.1885	16.9837	15.1411	13.5907	12.2777	11.1584	10.1983	9.3696	8.6501	8.0218	7.4701	6.9830
30	25.8077	22.3965	19.6004	17.2920	15.3725	13.7648	12.4090	11.2578	10.2737	9.4269	8.6938	8.0552	7.4957	7.0027
35	29.4086	24.9986	21.4872	18.6646	16.3742	14.4982	12.9477	11.6546	10.5668	9.6442	8.8552	8.1755	7.5856	7.0700
40	32.8347	27.3555	23.1148	19.7928	17.1591	15.0463	13.3317	11.9246	10.7574	9.7791	8.9511	8.2438	7.6344	7.1050
45	36.0945	29.4902	24.5187	20.7200	17.7741	15.4558	13.6055	12.1084	10.8812	9.8628	9.0079	8.2825	7.6609	7.1232
50	39.1961	31.4236	25.7298	21.4822	18.2559	15.7619	13.8007	12.2335	10.9617	9.9148	9.0417	8.3045	7.6752	7.1327
55	42.1472	33.1748	26.7744	22.1086	18.6335	15.9905	13.9399	12.3186	11.0140	9.9471	9.0617	8.3170	7.6830	7.1376

续表

n\i	15%	16%	17%	18%	19%	20%	24%	25%	28%	30%	32%	35%	40%	50%
1	0.8696	0.8621	0.8547	0.8475	0.8403	0.8333	0.8065	0.8000	0.7813	0.7692	0.7576	0.7407	0.7143	0.6667
2	1.6257	1.6052	1.5852	1.5656	1.5465	1.5278	1.4568	1.4400	1.3916	1.3609	1.3315	1.2894	1.2245	1.1111
3	2.2832	2.2459	2.2096	2.1743	2.1399	2.1065	1.9813	1.9520	1.8684	1.8161	1.7663	1.6959	1.5889	1.4074
4	2.8550	2.7982	2.7432	2.6901	2.6386	2.5887	2.4043	2.3616	2.2410	2.1662	2.0957	1.9969	1.8492	1.6049
5	3.3522	3.2743	3.1993	3.1272	3.0576	2.9906	2.7454	2.6893	2.5320	2.4356	2.3452	2.2200	2.0352	1.7366
6	3.7845	3.6847	3.5892	3.4976	3.4098	3.3255	3.0205	2.9514	2.7594	2.6427	2.5342	2.3852	2.1680	1.8244
7	4.1604	4.0386	3.9224	3.8115	3.7057	3.6046	3.2423	3.1611	2.9370	2.8021	2.6775	2.5075	2.2628	1.8829
8	4.4873	4.3436	4.2072	4.0776	3.9544	3.8372	3.4212	3.3289	3.0758	2.9247	2.7860	2.5982	2.3306	1.9219
9	4.7716	4.6065	4.4506	4.3030	4.1633	4.0310	3.5655	3.4631	3.1842	3.0190	2.8681	2.6653	2.3790	1.9480
10	5.0188	4.8332	4.6586	4.4941	4.3389	4.1925	3.6819	3.5705	3.2689	3.0915	2.9304	2.7150	2.4136	1.9653
11	5.2337	5.0286	4.8364	4.6560	4.4865	4.3271	3.7757	3.6564	3.3351	3.1473	2.9776	2.7519	2.4383	1.9769
12	5.4206	5.1971	4.9884	4.7932	4.6105	4.4392	3.8514	3.7251	3.3868	3.1903	3.0133	2.7792	2.4559	1.9846
13	5.5831	5.3423	5.1183	4.9095	4.7147	4.5327	3.9124	3.7801	3.4272	3.2233	3.0404	2.7994	2.4685	1.9897
14	5.7245	5.4675	5.2293	5.0081	4.8023	4.6106	3.9616	3.8241	3.4587	3.2487	3.0609	2.8144	2.4775	1.9931
15	5.8474	5.5755	5.3242	5.0916	4.8759	4.6755	4.0013	3.8593	3.4834	3.2682	3.0764	2.8255	2.4839	1.9954
16	5.9542	5.6685	5.4053	5.1624	4.9377	4.7296	4.0333	3.8874	3.5026	3.2832	3.0882	2.8337	2.4885	1.9970
17	6.0472	5.7487	5.4746	5.2223	4.9897	4.7746	4.0591	3.9099	3.5177	3.2948	3.0971	2.8398	2.4918	1.9980
18	6.1280	5.8178	5.5339	5.2732	5.0333	4.8122	4.0799	3.9279	3.5294	3.3037	3.1039	2.8443	2.4941	1.9986
19	6.1982	5.8775	5.5845	5.3162	5.0700	4.8435	4.0967	3.9424	3.5386	3.3105	3.1090	2.8476	2.4958	1.9991
20	6.2593	5.9288	5.6278	5.3527	5.1009	4.8696	4.1103	3.9539	3.5458	3.3158	3.1129	2.8501	2.4970	1.9994
21	6.3125	5.9731	5.6648	5.3837	5.1268	4.8913	4.1212	3.9631	3.5514	3.3198	3.1158	2.8519	2.4979	1.9996
22	6.3587	6.0113	5.6964	5.4099	5.1486	4.9094	4.1300	3.9705	3.5558	3.3230	3.1180	2.8533	2.4985	1.9997
23	6.3988	6.0442	5.7234	5.4321	5.1668	4.9245	4.1371	3.9764	3.5592	3.3254	3.1197	2.8543	2.4989	1.9998
24	6.4338	6.0726	5.7465	5.4509	5.1822	4.9371	4.1428	3.9811	3.5619	3.3272	3.1210	2.8550	2.4992	1.9999
25	6.4641	6.0971	5.7662	5.4669	5.1951	4.9476	4.1474	3.9849	3.5640	3.3286	3.1220	2.8556	2.4994	1.9999
26	6.4906	6.1182	5.7831	5.4804	5.2060	4.9563	4.1511	3.9879	3.5656	3.3297	3.1227	2.8560	2.4996	1.9999
27	6.5135	6.1364	5.7975	5.4919	5.2151	4.9636	4.1542	3.9903	3.5669	3.3305	3.1233	2.8563	2.4997	2.0000
28	6.5335	6.1520	5.8099	5.5016	5.2228	4.9697	4.1566	3.9923	3.5679	3.3312	3.1237	2.8565	2.4998	2.0000
29	6.5509	6.1656	5.8204	5.5098	5.2292	4.9747	4.1585	3.9938	3.5687	3.3317	3.1240	2.8567	2.4999	2.0000
30	6.5660	6.1772	5.8294	5.5168	5.2347	4.9789	4.1601	3.9950	3.5693	3.3321	3.1242	2.8568	2.4999	2.0000
35	6.6166	6.2153	5.8582	5.5386	5.2512	4.9915	4.1644	3.9984	3.5708	3.3330	3.1248	2.8571	2.5000	2.0000
40	6.6418	6.2335	5.8713	5.5482	5.2582	4.9966	4.1659	3.9995	3.5712	3.3332	3.1250	2.8571	2.5000	2.0000
45	6.6543	6.2421	5.8773	5.5523	5.2611	4.9986	4.1664	3.9998	3.5714	3.3333	3.1250	2.8571	2.5000	2.0000
50	6.6605	6.2463	5.8801	5.5541	5.2623	4.9995	4.1666	3.9999	3.5714	3.3333	3.1250	2.8571	2.5000	2.0000
55	6.6636	6.2482	5.8813	5.5549	5.2628	4.9998	4.1666	4.0000	3.5714	3.3333	3.1250	2.8571	2.5000	2.0000